向着少女与光
巴尔蒂斯回忆录

〔法〕巴尔蒂斯 / 口述　〔法〕阿兰·维尔龚德莱 / 辑录
柯梦琦　韩波 / 译

商务印书馆
The Commercial Press

Mémoires de Balthus by Balthus and Alain Vircondelet

© 2016, Groupe Artège, Éditions du Rocher

Current Chinese language translation rights arranged through Divas International, Paris 巴黎迪法国际版权代理（www.divas-books.com）

我对美说,请把我搂入你寂静的怀。

——阿拉贡 [1]

---

[1] 路易·阿拉贡(Louis Aragon,1897—1982),法国著名诗人、小说家。

目录

I	镜畔画家 / 保罗·隆巴
VII	出版者说明
IX	前言 / 阿兰·维尔龚德莱
1	巴尔蒂斯回忆录
177	人名索引
181	地名索引

镜畔画家

朱尔斯·拉福格[1]写道：

> 死者
> 是审慎的，
> 长眠于
> 阴翳之地……

巴尔蒂斯，恕我打搅您的长眠。永恒太长，通往永恒之路叵测，以上诗句，不如托付我的守护天使，愿阿兰·维尔龚德莱的书出版那天，您能收知。

2001年2月24日，我与您妻子、女儿和两个儿子同行，跟随运送您灵柩的乡村小车，离开主教们挨挨挤挤的罗西涅尔[2]小教堂，前往前一天晚上才得到的一块土地，您的遗体将令此地丰饶。我想起维克多·雨果的葬礼。他同样选穷人的灵车，送自己到安息地。

天才入土，国葬也好，仅家人随行也罢，都无关紧要。故土一隅不逊于先贤祠，接纳的都是无须辩驳的伟大。

未来某日，当新千年的孩子检视这个时代，会惊愕地发现，尽管20世纪绘画有那么多辉煌灿烂的流派，但是两位独行侠对其产生了决定性的影响，他们是：巴尔蒂斯和毕加索。

毕加索——他赋予世人看世界的新眼光，摧毁又重建了神所创造的东西，为"创造者"这个专属于上帝的名词赋予了世俗的意义。

巴尔蒂斯——他钟爱纯粹和朦胧，驯服表象，越至彼端。继他挚爱的马萨乔[3]和皮耶罗·德拉·弗兰切斯卡[4]之后，成为又一个画灵魂的人。

为了表现这种神秘无形的灵魂——与它相连的是拥有清醒头脑和盲目感官的脆弱躯体，这些意大利的伟大画家凭空创造出受到路西法折磨的天使们。而巴尔蒂斯则更偏爱那些少女，她们尚未发育成熟，正经受着青春期痛苦又愉悦的心绪烦扰。

天使可有性别？或者，天使如特伊西亚斯[5]，本就雌雄同体？对于拜占庭之辩[6]，巴尔蒂斯全不在意，他把天使带翼的轻盈，化成令人不安的静谧……他的画中从没有狡黠的眨眼，唯有汹涌又细腻的内心情感激荡。

他的青春少女之所以漫不经心地微微张开双腿，是为了称颂创生大地的神圣之螺。他的艺术是一种宗教，只是罪恶并非对宗教的亵渎；他常常提醒说，神的启示不应让孩子们看懂。圣父并不鄙视肉欲及其渴望、欲念和失足堕落，因而他将这些特点也赋予了变成肉身的圣子，让其来到人间。欲望是生命的气息，这内在而外显的感觉，巴尔蒂斯在他的模特的目光中予以揭示。

当忧郁伤感的情绪涌现，一如落在风吹霜冻的大木屋[7]上的雪，巴尔蒂斯会一直握着我的手，为自己取暖。这个过程看似漫长无尽，但对我来说是短暂的。这个取暖的人一支接一支地抽烟，用沙哑的声音向我分享他那些不为人知的秘密。在他去世前几天，他对我说："保罗大人"/8/——他总是这样称呼我——"不知我有没有跟你说过我和安托南·阿尔托/9/见面的情形。"

不待我回答,他补充道:"你知道他说的第一句话是什么吗?'巴尔蒂斯,你就是另一个我!'"我还记得他笑得咳嗽起来,而此时猫在他床头发出温和的呼噜声。他继续说:

> 我们确实很像。都拼命追求自由,追求阿波利奈尔/10/热爱的狂热理性。保罗大人,我曾尝试着在画中把这一切表达出来。

之后他的手压在了我的手上,巴尔蒂斯睡着了。

结识阿尔托对他产生了很深的影响,不仅仅限于他受诗人之邀为《颂西公爵》(Les Cenci)/11/设计了布景。一个是罗西涅尔的隐士,一个是巴黎演艺界的顽童,他们二人都专注于创造一种残酷而炽烈的美。他们先是受到感召,而后成了这种美学的倡导者。

他们与超现实主义团体以及那些沉浸于梦境的艺术家们交往甚密,但是他们拒绝服从布勒东/12/的夸夸其谈和皇皇圣旨,也拒绝加入这个出奇且幼稚的艺术团体,拒绝以这种错综复杂的方式达到自由。与超现实主义决裂,比加入超现实主义,意义更大。这一运动,更多得益于中途弃之者,而非忠实追随者。布勒东是超现实主义运动的布瓦洛/13/,他的"宣言"即他的诗艺。

巴尔蒂斯和达利不同，甚至和热内·马格利特/14/也不一样，他从不以超现实主义为载体或陪衬。他取其精义，对其做出变形；总之，他以巴尔蒂斯独一无二的方式作画，完全没有矫揉造作和华而不实。他的画作深奥而充满幻想，没有先入之见。他无意引人着迷，却令人迷醉；他无意扰乱他人，却令人震惊；他无意撩拨，却令人神魂颠倒。他用优雅的形象映照出毫不庄重的形象，他为日常生活带来了重新组合的光线，带来了泥土与肌肤的色泽。

巴尔蒂斯不是导演，他是一位从寂静中汲取力量的匠人，是一位颠覆习俗准则的诗人。他化情色意象为赞美诗，这会让偷窥者和看热闹的人感到失望。

当年我第一次与他相遇，便发生了奇迹。他是一位保有爱的力量、拥有年轻活力的老者，而我当时是一个老成的年轻人——我希望在一段时间内能保持那种状态。这场忘年之交，强烈而纯真。我给他我有限的资源，他则赠予我丰厚的宝藏。他让我看他作画，教我在一幅画的空间里，感知到无形的事物。

谁能把巴尔蒂斯的手和他的凝视带回世间？

乡村小车刚刚到达终点。我们在墓地山脚下，身边是炼金术士斯塔尼斯拉、唯美主义者撒迪厄斯、可爱的珠宝设计师春美，还有画金色樱桃树的节子/15/。不一会儿，玫瑰花瓣洒落，将灵柩掩盖起来。

我曾为那么多走马换灯一般出现的著名画家而感到悲痛，而我想，这种和谐、沉静、平和，就是巴尔蒂斯最后的杰作。

保罗·隆巴 /16/
2001年，于北京

/1/ 朱尔斯·拉福格（Jules Laforgue，1860—1887），法属乌拉圭诗人。

/2/ 罗西涅尔（Rossinière）位于瑞士沃州，巴尔蒂斯晚年居住地。

/3/ 马萨乔（Masaccio，1401—1428），意大利文艺复兴早期画家，透视法先驱之一，画作多以宗教题材为主。

/4/ 皮耶罗·德拉·弗兰切斯卡（Piero della Francesca，约1415—1492），意大利文艺复兴早期画家。

/5/ 特伊西亚斯（Tirésias，一译忒瑞西阿斯）为希腊神话人物，初为男性，后触怒天后，被变身为女性，后又恢复男身。

/6/ 君士坦丁堡沦落前夕，城内辩论的是天使的性别问题，而非军略，后世称"拜占庭之辩"。

/7/ 大木屋（Grand Chalet）即巴尔蒂斯在罗西涅尔的住宅，是瑞士最古老的木屋之一。

/8/ "大人"在法语中是对律师的尊称，保罗·隆巴是律师，此处是尊称也是昵称。

/9/ 安托南·阿尔托（Antonin Artaud，1896—1948），法国演员、诗人、戏剧理论家，残酷戏剧代表人物。

/10/ 纪尧姆·阿波利奈尔（Guillaume Apollinaire，1880—1918），法国诗人，在诗体与格律上，他的诗作被认为是现代诗的一次重大突破。

/11/《颂西公爵》(1819)为英国诗人雪莱的悲剧,安托南·阿尔托将其改编后于1935年在巴黎上演。

/12/ 安德烈·布勒东(André Breton,1896—1966),法国诗人、作家,超现实主义创始人和理论家,著有《超现实主义宣言》,崇尚"纯粹的精神自动创作"。

/13/ 尼古拉·布瓦洛(Nicolas Boileau,1636—1711),法国作家、批评家,《诗艺》是他的代表作。

/14/ 热内·马格利特(René Magritte,1898—1967),比利时超现实主义画家。

/15/ 斯塔尼斯拉(Stanislas)和撒迪厄斯(Thadée)是巴尔蒂斯与第一任妻子安托瓦妮特·德·瓦特维尔(Antoinette de Watteville)所育二子,斯塔尼斯拉著有《炼金术:隐秘的艺术》一书,撒迪厄斯也是作家;春美(Harumi)是巴尔蒂斯与第二任妻子节子(Setsuko Ideta)所生独女。

/16/ 保罗·隆巴(Paul Lombard,1927—2017),法国著名律师,热爱艺术,人称"艺术之友",与巴尔蒂斯、毕加索、贾科梅蒂等艺术家皆有交往。

出版者说明

在身前出版回忆录,是画家巴尔蒂斯的心愿。尽管本书大部分内容在画家去世前已经写完,不过,我们有意把他口述给阿兰·维尔龚德莱的最后那些材料一并收录进来。因此,维尔龚德莱得以把画家的散忆,以最全备的方式辑录成书。

感谢画家之妻德罗拉伯爵夫人[1]和画家的子女,他们甚为理解这些见证文字的重要性,读者想必都能从中有所得。

最后,感谢阿兰·维尔龚德莱,他多次前往罗西涅尔的木屋,一丝不苟且热情地记下画家的看法与见解,忠实地予以呈现,世人至此可以永久欣赏这位20世纪绘画大师留下的文字。

---

[1] 巴尔蒂斯原名巴尔塔扎·克洛索夫斯基·德罗拉(Balthasar Klossowski de Rola,1908—2001),"巴尔蒂斯"是画家儿时小名,正式场合,画家喜欢他人以"德罗拉伯爵"相称;"德罗拉伯爵夫人"即指巴尔蒂斯的第二任妻子节子。

前言

巴尔蒂斯的一生横贯整个世纪。我们读他的《回忆录》，应该把它当作他的遗言来读。这是他走到生命尽头说的话。这是他屏住气，低吟出来的话，他的气息摇摆不定，渐渐暗淡，但却充满了对年轻时代完好无损的回忆，似乎这回忆又重新给予其生命，让他重新焕发活力。

《回忆录》历时两年写就，在这当中，巴尔蒂斯吐露了许多以往很少谈及的往事，包括那些让他高兴开怀的境遇。他希望我们把这些看作生活的一课，这是一位在思考的画家留给我们的最后一课，正如佩吉[1]所说，"只有传统才具有革命性"，并且具有绝对的现代性。

我第一次与巴尔蒂斯和他的妻子节子见面，是在罗西涅尔的木屋里。那时我就知道，我们将一起完成的这部作品将是独一无二的。巴尔蒂斯患有严重的支气管炎，他说话几乎听不见，他的声音嘶哑而结巴，几乎不可能将过去的这个世纪讲述出来，也无法清晰而富有条理地回顾他的一生，并得到佐证。然而，正如玛格丽特·杜拉斯所说："去吧，到沉默中去，一切都在那里重逢。"在我动笔时，事情就这样慢慢地构建完成。用马塞尔·普鲁斯特的话说，是聆听私密的歌声，这声音无可琢磨，无所形状，却如"巨大的记忆大厦"持久挺立。

巴尔蒂斯的一生就将在罗西涅尔的木屋中完成。在这里，巴尔蒂斯决定在度过这一生之后，将他虔诚而小心翼翼保护的生命回忆，作为一份礼物送给世人。为什么他的想法突然发生这么大的转变？巴尔蒂斯在与我的谈话中多次提到了其中的缘由。首先，在生命走到尽头，即将慢慢熄灭之际，回忆过去是抗击死亡、追寻他讴歌的生命的一种方式。他不把生命看作一种特权，而是看作上帝的礼物。他每天都想感谢上帝。

因此，讲述和倾诉是继续生活下去的一种方式，是继续他的工作的一种方式。第二个原因则更出乎意料。他发现，1993年以来，我一直生活在约翰·保罗二世[2]周围。我在罗马、克拉科夫以及世界许多地方，对教皇做了多次采访，最终撰写出这位杰出教皇的传记，后来又写了一本关于他的童年的书。知道我是约翰·保罗二世的传记作者，这对巴尔蒂斯来说是一种保证，这样我才得以与他一起工作。他在美第奇别墅[3]度过了很长一段时间，在这期间他变得十分虔诚，经常到梵蒂冈看望他的波兰同胞。

背景、环境以及项目本身，一切都已经准备就绪，巴尔蒂斯便可以开始这浪漫的回溯，穿越回时光，讲述他生命的长长的故事。直到这时，这个故事他都没有向别人讲起过。

我说过，背景是一间木屋，这可能是世界上最美的木屋，像一座隐匿在高山中的东方寺庙，有点吴哥窟的感觉。木屋坐落在山谷中，曾经是阿尔卑斯山脚下的一家旅馆。屋顶由长而宽的石板铺成,就像贝居安女修会修女戴的帽子,旁边是一个小谷仓,谷仓上面长满了爬山虎,墙面用石灰刷成白色,搭配绿色的木筋,颜色舒适。这曾是主人的工作室。屋内,大型画布在滚动托架上循环滑动,如同一个个神圣历史的无声见证者,在封闭的空间里自娱自乐,因为除了大师夫人和他的孩子,以及极少数的宾客朋友,没有人能进到这里。在谷仓旁边毗连的土地上,有一座俄罗斯枞木屋式,或者也可以说是蒂罗尔(Tyrol)地区风格的马场。马场建得像一个市集,颜色艳丽,诗意地隐藏在山间风景之中,山上牛群的铃铛不停地丁零作响。开往格斯塔德(Gstaad)的小火车从山下经过,总在同一个转弯口呼啸而过,继而消失在森林之中。

  火车的轰鸣声就像在抱怨什么,但却一点不令人受惊。相反,这声音让人感到安心,让人欣慰,与莫扎特的音乐混在一起。屋子的主人总爱面对着阿尔卑斯山,平躺在长椅上,不知疲倦地听莫扎特。以前木屋还是小旅馆的时候,歌德和雨果都曾到访过这里。屋子有很多房间,上百扇窗户。外墙上刻有感化人心的语录,提醒着到这里来的人们,无论他们现在的生活多么优渥,总有一天会归为尘土,同时呼吁人们祈祷或冥想,这让这个地方显得有些野性,同时又追寻宗教的慰藉。有时候,透过小格子大窗户,我们会看到一只猫探出头来。这是漂亮的波斯猫米簌1(Mitsou 1)或者安哥拉猫米簌2(Mitsou 2)高贵冷漠地看着来客。后来我才知道,这两只猫经常去洛桑参加一些选美比赛。

屋内的家具是古斯塔夫风格的金色木头制品,一个18世纪的陶炉位于饭厅中央,冬日里会点上火,墙上挂着巴尔蒂斯的几幅画,包括《阅读的科莱特》(Colette lisant)、《猫王》(Le Roi des Chats)、《伏康斯卡公主》(La princesse Wolkonska)……

细木柜上摆着一座贾科梅蒂的半身像,几个手持琴弓的猫摆件演奏着音乐,或者静止不动,穿着传统和服的日本小雕像点缀着硕大的窗户。

一队菲律宾女佣穿梭在走廊、厨房、洗衣房和房间中,给猫、达尔马提亚狗和鸟喂食。这里的鸟有自己单独的房间,每天对着装有栅栏的窗户歌唱,就像来自东方的俘虏一样。

巴尔蒂斯和伯爵夫人节子(巴尔蒂斯曾是贵族)独自住在这里,他们两人都会作画或沉思。他们习惯在下午五点喝茶,晚上有时会通过巨型电视屏幕看一部屋主喜欢的西部片。午睡时,巴尔蒂斯躺在长椅上,靠近朝南宽阔的落地窗,听着《费加罗的婚礼》或《魔笛》入睡。正是在这种幸福而波澜不惊的和谐中,巴尔蒂斯,这位20世纪最后一位伟大画家的生活缓缓展开。

现在的工作是追溯过去的历史,保持前后的连贯性,重拾不断遗忘的记忆,然后将选择和保留下来的记忆公布在即将出版的书中。这本书具有持续存在的价值,一种暂时的永恒。我们只保留还剩下的这些记忆,正是这些东西成就并塑造了一个永远的存在。

当我们的工作开始时,巴尔蒂斯就提醒我,这将是一本私密的书,是关于绘画的感悟。里面提到的人都值得被书写、被了解,这是他的朋友马尔罗[4]式的"反回忆录"。巴尔蒂斯经常引用马尔罗的话,但马尔罗本人则不希望走进这种"一堆悲惨小秘密"的游戏中来。因此,对这一生的回顾并非建立在隐秘问题的基础之上,比如:他是否真的有贵族头衔;里尔克与巴尔蒂斯母亲巴拉汀(Baladine)和她的儿子们的真实关系如何;作为父亲,他扮演什么角色;他对安托瓦妮特·德·瓦特维尔的感情为什么最终导致他想自杀;缪斯女神赫莲娜·阿纳维(Hélène Anavi)对他的真正影响;他与侄女弗雷德里克(Frédérique)的真正关系,他们曾在沙西(Chassy)同居,在出田节子来到罗马的法兰西学院之前,弗雷德里克甚至是他家里的女主人;他的小儿子之死,那天阳光明媚,悲剧就发生在著名的土耳其房间旁边;他与儿子们僵持的关系,以及他母亲巴拉汀的犹太人身份,等等。

巴尔蒂斯确定了工作会面的原则。我同意他的决定,毕竟,他不想要的东西,我很乐意接受。我认为,传记作者的艺术并不在于找出生活中片面的丑闻,或过于隐私的逸闻,而是以杜拉斯式的方法,存在于令人眩晕的旋涡中,存在于难以辨认的事物中。

因此,巴尔蒂斯对生命的回顾是在一次次偶然的接触和一张张相互关联的网络与桥梁中完成的。我们按照他的节奏,通过他疲劳的入口,经过他闪电般爆发的朝气蓬勃的生命力,得以进入其中。有时,夜幕降临在巴尔蒂斯的房间里,床头灯发出昏暗的光,闪烁不定地落在一堆堆的书上,落在他挂在床头的念珠上,落在圣母玛利亚的画像上,也落在他床上那堆毛毯、被子和垫子上。有时,伯爵夫人节子坐在我们身边,握着他的手说了一个字或者一句话,便能让沉睡的往事苏醒。她是带领巴尔蒂斯回忆的线索,是他过去与现在之间的纽带。

居住在此之人具有的非凡灵性是第一件让我惊讶的事。"画画就是祈祷。"巴尔蒂斯常说。实际上,我们之间许多次交流便是围绕这一点展开。巴尔蒂斯坚持这一点,即里尔克所谓的"敞开"。他说,上帝在地球上留下了那么多美好的事物,如果不先把这些东西在画布上重现,那就是极大的忘恩负义。绘画就是去完成,是"表达世界而不是表达自我",是表达敬意。从中我很快明白,为什么他与阿尔贝·加缪或博纳尔(Bonnard)能产生共鸣,以及他绘画中的献祭主题……就这样,我们一步步地走进这片信仰的深林中,回到他的童年,回到他父母还未离异时的甜蜜,回到他的纯真年代。父母的突如其来的离异加剧了他童年的脆弱与敏感，但却由艺术填满。童年是关于他第一部作品的回忆，这是一本用中国画墨水画就的连环画，讲述的是失去他的猫米篌的故事。这是一只捡来的猫，他十分喜爱，但后来却跑掉消失了。童年同时也是同巴拉汀和莱纳·玛利亚·里尔克在图恩（Thoune）附近的贝阿滕贝格（Beatenberg）长期居住的日子。有一天，巴尔蒂斯躺在床上，咳嗽着站起来，在充满松节油的昏暗作坊里，他那双几乎什么也看不见的眼睛突然发出了光亮。就好像是绘画，以及作画这一行为，突然带给他光明，带他穿越真实的世界。他对我说："穿越时光，就在这里，就存在于这种感知力之中……"

巴尔蒂斯说话时已经接不上气来，有时甚至连意思都表达不清楚，但只要说出第一个字，他就变得滔滔不绝。然后，突然间，他感到疲倦，就让我离开，把他交给照顾他的中国医生刘医生，并为打断他的讲述道歉。

我们一直待在这个环境里，当他再度回归讲述时，他说："您看，没有什么是按照时间排序的。年表真是又蠢又没用，追踪生命的足迹，追寻我们做过的事情，毫无用处！"他要我们放点音乐，并且总是莫扎特、舒伯特或者巴赫，尤其是莫扎特，他在阿维尼翁和巴黎时，就经常听莫扎特。他对莫扎特理解得很透彻，他的低沉，他的轻快，以及他欲望的力量。房间或者客厅里萦绕着乐声。夏天的时候，窗户对着山敞开着，音符和轰鸣声混在一起——这是小火车像山谷的丝带一样驶过的声音——爆裂开来，又纷纷落下，就像巴尔蒂斯希望他的绘画也像雨点洒在世界各地一样。他的画是对大自然、对年轻女孩之美、对水果坚实的果肉以及对大山的力量的馈赠。他对我说，他一直想画脸和风景，说实话，这是一回事，因为都是在画世界的血肉而已。但并不是画这世界死去的躯壳，而是充满汁液和生命力的肉质的躯体。这是上帝之美，只需这一个字就能让布勒东、蒙德里安和米罗[5]颤抖不已。在巴尔蒂斯眼里，他们都是叛徒。他更倾向与他那些亲爱的意大利朋友为伍，尤其是皮耶罗·德拉·弗兰切斯卡、曼特尼亚（Mantegna）和乔托。他还从曾经居住过的地方（沙西、蒙特卡维罗、罗西涅尔、美第奇别墅）汲取了大地的力量，触碰到如加缪所说的"世界跳动的心脏"。加缪在去世前几个月曾给巴尔蒂斯寄过一张明信片和他的书《堕落》，上面有他的亲笔题词："向创造春天的你，献上我的冬天。"

因此，巴尔蒂斯经历过的风景是对世界、对诞生、对人、对上帝和对生命的虔诚。他总是用强有力的笔触来描绘它们，在世界所有景观之间建立或重建无形的联系，尤其是东方景观。从他小时候开始，巴尔蒂斯就对东方景观十分着迷，他在这方面的知识让里尔克印象深刻。沙西的景观是法国画中最强有力的一种，用粗线条将现代性的结构与大自然的形式连接起来。巴尔蒂斯说，画风景就是画存在的意义，画年轻女孩童年的躯体也是如此。从童年蜕变到青春期的这段时间充满波澜，这本身就蕴含了所有关于世界的奥秘。画这些姑娘不是色情狂的工作，而是在祈祷，因为画弗雷德里克、科莱特、米凯利纳（Michelina）和所有尚未成形的身体，将她们漫不经心的一面展现出来，没有经过任何修饰，这就是在画天使，画在光线下耀眼的存在。

事情就是这样。我从法国另一边的比利牛斯山来到阿尔卑斯山的山脚，带着无法言说的喜悦与巴尔蒂斯相见。我们的会面持续了两年，他的回忆也讲了两年。作为一个世纪以前的贵族，他最终可能只喜欢喧哗与骚动，附庸风雅与傲慢无礼，这让他觉得回顾自己的时代是一种居高自傲。与此相反，正是有一种对生活品质的追求，让他没有成为这样的人，原因并非是出于轻蔑，而是一种同情，对被抛弃者的同情，对在他眼里独一无二事物的同情：童年、自然、古人之美，还有传统。

我就是这样认识巴尔蒂斯的，这是我一生中最美，也是最强烈的一次际遇。看着他画最后一幅画，这种体验无与伦比，这是对人生和人性的一堂大课。

这部《回忆录》被翻译成各国文字在全世界出版，并且翻译还在继续[6]。可以说，巴尔蒂斯带来的悸动仍在搅动着当代艺术,以及他的出格和他的丑闻。巴尔蒂斯并没有将自己的世纪解构,与此相反,他用绘画陪伴着这个世纪,用某种方式赞美它,或者说是赞美了他自己的本质、他内心固有的东西。

这本书于 2001 年出版时,他已经去世几个月了,有少数几个批评家反对他的言论。这些人并不了解巴尔蒂斯的极限裸露和他的年纪,也不明白他的人性。他们匆匆了解的巴尔蒂斯,是他的骄傲自大。他就像于斯曼小说《逆流》(À Rebours)中的主人翁德塞森特一样,将自己的骄傲高高举起。他们喜欢的,是波德莱尔所说的"让人不悦的贵族艺术",并止步于此。这些人忘记了巴尔蒂斯年轻时,曾在托斯卡纳小教堂里度过无数的夜晚,在蜡烛昏暗的光亮下,临摹皮耶罗·德拉·弗兰切斯卡和意大利文艺复兴前期画家的作品。这段经历对他的影响很深。他们还忘记了巴尔蒂斯用绘画描绘出了他一生的足迹,而绘画则像一种献祭一样,将他指引到此时此地,也就是写《回忆录》时的境况。他们也忘记了巴尔蒂斯在罗西涅尔隐世木屋里所说的话,远远超越了他们从中塑造出的形象。

巴尔蒂斯放心地在这一时间里说了真话,而真话可能让人一时不悦,但却超越了所有的陈词滥调、偏见成见和唯一想法。真话将官方历史的皮囊一一撕开,因为巴尔蒂斯到这样高龄,在他去世之前,已经无所谓失去和获得了,如果有，那也只是陪伴了他一生的荣光与骄傲：绘画。

阿兰·维尔龚德莱，
2016年2月

/1/ 夏尔·佩吉（Charles Péguy，1873—1914），法国作家、诗人、散文家，善于撰写神秘主义作品。

/2/ 约翰·保罗二世（Jean Paul II，1920—2005），本名嘉禄·若瑟·沃伊蒂瓦（Karol Józef Wojtyła），天主教第264任教皇，出生于波兰，于1978年10月16日被选为教宗，是第一位波兰裔及斯拉夫裔教皇，也是自1522年阿德里安六世离世后456年来第一位非意大利人出身的教皇。

/3/ 美第奇别墅（Villa Médicis），位于意大利罗马，由斐迪南一世·德·美第奇建立。1803年，拿破仑一世将罗马法兰西学院迁入，接纳荣获罗马大奖（Prix de Rome）的艺术家来意大利深造。

/4/ 安德烈·马尔罗（André Malraux，1901—1976），法国小说家、评论家。他曾于1920年代游历中国，1933年获龚古尔文学奖，1958年出任法兰西第五共和国首任文化部长，1967年发表《反回忆录》（Les Antimémoires），1976年去世，1996年骨灰移入先贤祠。

/5/ 胡安·米罗（Juan Miró，1893—1983），西班牙画家、雕塑家、版画家，超现实主义绘画大师。

/6/ 尤其是美国版，由乔伊斯·卡罗尔·欧茨（Joyce Carol Oates）作序。——作者注

/7/ 若利斯-卡尔·于斯曼（Joris-Karl Huysmans，1848—1907），法国颓废派作家，艺术评论家，《逆流》是他最著名的作品，描写了一个无聊贵族德塞森特的颓废经历。

巴尔蒂斯回忆录

1

要学会观察光，光方向的改变，它的消隐，它的过渡。早晨，用过早餐，读完邮件，就要开始观察光的状态。如此一来，便可以知道今天是否能作画，是否能深入地探索绘画的奥秘，画室里的光是否足以穿透进来。

在罗西涅尔，一切都没变。是个实实在在的村子。整个童年，我都在阿尔卑斯山这一带度过。面对着皑皑白雪映衬下，贝阿滕贝格大片阴森森的棕色杉树林。其实，我们之所以来这里就是因为我对山区的怀念之情。罗西涅尔帮助我前进，让我提笔作画。

因为绘画就在于此。我几乎可以毫不夸张地说，绘画只在于此。

在这里，好像驻扎着一种宁静。山巅伟岸高耸，周围白皑皑的积雪无比厚实，散落在山野间的农舍质朴而友好，奶牛脖子上铃铛叮当作响，火车沿着山腰上小型铁路蜿蜒而过，向来不会误点。一切都让我们安静下来。

所以，来看看光的状态。眼下的这一天，画作将会有所进展。这幅画已经画了很久。也许，在画布前沉思良久之后，能轻轻点上一笔。仅是这一笔，便是征服绘画奥秘的一线希望。

2

画室是工作的地方。更是劳作的地方。是做手艺的地方。这里是最为重要的。在这里我静心凝神，它像是一个能让人寻获启示的地方。我记得贾科梅蒂的画室。很迷人，堆满了物品、绘画材料和纸张，让人感觉靠近了那些秘密。我非常仰慕贾科梅蒂，敬重他，对他充满感情。他是兄长，也是好友。正是因为如此，我保存着他的这张相片，我不知道它是谁拍的，也不知道是从哪里来的，但这样我便在他身旁工作，有他亲切而充满激励性的目光陪着我。

我必须对当今的画家们说，一切都是在画室中进行的，需要花时间慢慢完成。

我喜欢花时间看着画布，在画布前沉思。凝视着画布。静静地度过这段无与伦比的时光。冬天的大暖炉呼呼作响。一些画室里常听到的声音。节子搅拌的颜料，笔刷在画布上摩擦的声响，一切归于宁静。准备好进入画中形象探知其中的秘密，准备好修改润饰，通常只需草草几笔就能让画作的主题进入无限和未知的意蕴。从画室巨大的玻璃窗望出去，群山像守护者一样耸现。从维泰博附近的蒙特卡维罗城堡远眺，靠后的地方可以看到西米诺山，山上有条条小径，穿过簇拥在山腰的黑色杉树林。无论在这里还是那里，都是同一回事，关于力量和奥秘。就像一个欣然接纳自身黑暗的世界。我知道，在那里，必须驻足停留才能到达终点。

要懂得掌握和适应时间的概念，我是说如果想要从中获得意义的话。要通过将时间献给画布来获得那份可能的启示。怀着觅得启示的希望。处在这种心境中。摆出这种姿态。我的作品，过去的，现在的，一直是在信仰精神的影响下完成的。因此，我非常看重祈祷。祈祷能带你走向正确的道路。我是个虔敬的天主教教徒。绘画是通向上帝奥秘的一种路径。从天国汲取一些光芒。这不是出于虚荣，而是出于谦卑。只为能够捕捉到些许光亮。这就是我喜爱意大利的原因。初次去意大利时我很年轻，只有15岁或17岁，我立刻就爱上了这个国家，那里的人都很亲切，风景也富有温情。我一直认为意大利是片精神化的土地。充满灵性。从蒙特卡维罗城堡的任何一扇窗户看出去，都是一幅画呈现在眼前。一幅画和一次祈祷其实是一回事：最终领悟到的天真，从消逝时间中抓住的瞬间。捕捉到的一份永恒。

一幅画我可以画上十几年，这一点我是出了名的。我知道什么时候算画完。也就是，什么时候画作是完成了。无需再加任何一笔、任何其他颜色来修改最终达到的这个世界，这个最终见到的神秘空间。画室里静默而又洪亮的祷告结束。无声的凝视告一段落。美的理念得到实现。

我总是强调祈祷的必要性。作画即如祈祷。由此进入宁静的状态,接近世上看不见的事物。因为这些话是说给大部分傻瓜听的,他们做着所谓的当代艺术,是一些完全不懂绘画的艺术家,所以我不确定这些话是否能被完全理解和领会。但是有什么关系呢?有绘画本身就足够了。要想稍微接触一点绘画,就需要,用我的话说,依照宗教仪式来领会它。将它所能带来的看作一种恩赐。我无法舍弃这个宗教词语,我找不到比它更恰当、更贴近的词来表达我想要的意思。在这个神圣的世界,让自己做好准备,谦逊,虚心,并且将自己献祭出去,以此来找回绘画的核心实质。

必须一直在这样的贫乏的状态下绘画。要远离世俗潮流以及它所带来的便利和诱惑。我的生命始于赤贫状态,始于对自我的需要。始于这种意志。我想起独自住在福斯坦堡街[1]画室的那些日子。我认识了毕加索、布拉克[2],经常和他们见面。他们都对我怀有好感。因为我当时是个不合规矩的年轻人,与众不同、放荡不羁、不爱交际。毕加索来我家做客。他对我说:"你是你们这一代画家中唯一一个让我觉得有意思的。其他人想要成为毕加索。但你决不这样做。"我的画室在六层之高,不是真心想来,肯定就不会来。这是个不同寻常的地方,我远离人群而居,沉浸在自己的绘画中。

我认为我一直就是这样生活的。带着同样

的需求，对，保持着如今这种明显毫无修饰的赤裸状态。我顺着木屋窗户的方向躺在软垫长椅上，四点的阳光透过窗户洒进来。我的视力不好，时而会看不清风景。只要能看到光的状态，我就满足了。白雪让光线更加透明，耀眼夺目。再现出光的路径。

/1/ 福斯坦堡街位于巴黎圣日耳曼·昂-莱区，巴尔蒂斯所推崇的大师德拉克洛瓦晚年居于此地，现有德拉克洛瓦美术馆。
/2/ 乔治·布拉克（Georges Braque，1882—1963），法国立体主义画家、雕塑家，与毕加索创立立体主义运动。

5

我不知道是基于哪种神秘的相似点，肯定是神的旨意，这里的风景、阿尔卑斯山的山峰和这座木屋会让我想到中国。我是在翻阅一本绘画书时发现中国的。中国的风景画让我感觉很熟悉、很明显。之前，我和节子一起在罗马的美第奇别墅共度了很多年幸福快乐又辛劳的生活/1/；而在买下罗西涅尔的木屋时，我们俩都知道，这个地方与我们有缘，它就如同中国、日本山水画与古典法国风景画的交汇点。尤其是它们显隐的手法，挥洒自如，这种自然的感觉，我们在这里，在这片高地上重新见到了。

我始终了解自己对罗西涅尔的这种熟悉感。这其中有某种与万物和谐法则相通的理念。光影色块的平衡，尤其是空气的流动、光线的因素使得一切事物在初始的光亮中更加清楚明了。这也是我之所以那么喜爱意大利文艺复兴早期绘画、中国绘画和日本绘画的原因。那些绘画是神圣的，它们超越了表象和可见的外形，去探究看不见的事物、灵魂的秘密。比方说，皮耶罗·德拉·弗兰切斯卡和一位远东画家没有什么不同。他们的风景画与我透过窗户看见的风景也没有相差更多，有同样的轻雾时而在晚间泛起，有同样的朝向天空的冲劲，同样永无止境。

不过，我是从童年时代起就自发地接触起这类作品了，当时，我给一位中国作家的中篇小说画过插画。里尔克曾经和我一起生活过很长一段时间，他对此深感震动，然而他觉得我的选择是一个好兆头，是对特定视角的一种偏好，是一种独特的观看方式。绘画只存在于这种跨文化的贯通和往来之中，只存在于这种玄奥而抽象的探索中。否则，就没有绘画。

/1/ 从1803年起，罗马法兰西学院入驻美第奇别墅，1960—1977年，巴尔蒂斯应当时的法国文化部长安德烈·马尔罗之邀担任院长。

6

我对意大利怀有一份原始的、固有的、单纯的爱意。但是除了意大利这片地方，我之所以爱它，是因为它能保留下一些初始时和谐统一的感觉和最初的纯朴自然。因而这个意大利，我在中国风景画中也能找到，一如在中国风景画中，我能找到万物和谐的规律。对此，某个文艺复兴前期锡耶纳画家也曾尽力描绘。

我曾在青年时代游历了意大利。那是1915年。我的母亲和里尔克一起过来看我。这些记忆很深刻，很令人感动。因为里尔克知道如何跟小孩子亲密相处。一种神秘的力量将我们联系在一起。他在瓦莱[1]的宅邸里迎接我，那里的风景原始纯朴，就像是普桑[2]的油画。我或许就是在那里对这位17世纪的大师产生了喜爱。他的平衡绘画技巧是我一直想要学习模仿的，我一直想要掌握其中的奥秘。在蒙特卡维罗一带的风景中，我又发现了这种魅力。在这里，在高山与峡谷之间、林地与台地之间、田野间蜿蜒蛇行的溪流之间、孤傲冷峻的蒙特卡维罗城堡和山下的亲切农舍之间，仿佛自有神韵，与天地秩序相通。一切都在这里重新出现，将我引向这里的是我一直以来的选择：中国画、文艺复兴前期的意大利绘画，以及博纳尔，他弱化了绝美风景中的严谨的地质学特征，以东方画家的手法，将岩石的断层与他所喜爱的温柔的藤架和葡萄架画在一起。

不过，一定要懂得如何达到风景画的平衡点。我认为我之所以能做到，也是因为我做好了

9

准备，有耐心，在乡下过着清贫朴素的生活，我们必须做到这些，否则就会变成虚伪的朴实、造作的天真，有点像夏加尔的那样。在阿尔卑斯山对面生活让我认识到必须如此。要保持这种等待的状态。静候这一启示。期待它的到来。

/1/ 瓦莱是瑞士的一个州，位于阿尔卑斯中心，光照充沛，风景秀美，里尔克曾在此安家。
/2/ 尼古拉·普桑（Nicolas Poussin，1594—1665），法国古典巴洛克时期重要画家，1624年移居意大利罗马，对意大利文艺复兴时期画作产生强烈兴趣；1641年受皇室之邀返回法国，不堪其累，1642年再次移居罗马，直至逝世。普桑的画作清晰、澄明、逻辑性强，至20世纪仍在影响巴尔蒂斯、塞尚这样的大家。

7

这件悲惨的事情如果从信仰的角度来体会，对我而言并没有那么痛苦。重申一下，我是严格的天主教教徒。我的房间里都是圣人像，其中有一位波兰大主教赠送的琴斯托霍瓦（Czestochowa）圣母像，就挂在床的正前方。她守护着我，保佑着我。

我的这件离奇故事发生在去年2月。我觉得不太舒服。节子和春美正在楼下吃晚餐。我的刘医生急匆匆跑下楼。"你们能不能到楼上来？"他跟她们说，"伯爵不舒服。"

节子猜到该是出了什么大事，因为刘一贯沉着，处事不乱，眼下却显出少有的紧张。节子上楼，到我的房间，发现我一动不动，没睡着，也没有失去意识，她后来跟我说，因为我的眼皮在颤动，就好像我没办法睁开眼睛一样。我现在讲的所有事情都是从节子那里听来的，她才是当时的直接目击者。她喊着我："巴尔蒂斯，巴尔蒂斯！"

但因为我还没回过神来，我什么也没有听到。她探了我的脉搏，很正常，心跳平稳。她等了一会儿，再次喊我的名字。但是没有任何回应。甚至好像我丝毫没有被身边的人表现出的慌乱影响到。三十分钟后，他们打电话叫了医生。节子焦虑难安，她后来告诉我，她当时有种奇怪的感觉，既忐忑又平静，好像什么超自然的事情发生了。四十分钟后，我总算睁开了眼睛。我的眼神正常，意识清醒，我当即说道："我刚刚在和上帝说话。上帝把我召唤到他身边。他告诉我，这一生我还有很多事要做，我这辈子还没有结束。上帝告诉我要继续工作，我必须听上帝的话。"

那时一道炫目、耀眼的光晃到我的眼前，是我从未见过的、难以解释、无法言说的光亮。

那一刻棒极了，我又听到那个声音对我说："你还有很多事要做，等时候到了，我会再叫你来找我。"从那一刻起,我身上就仿佛有了光。我的身体曾经出过大问题,走路困难,因为冬天严寒,山谷里又潮湿,犯了支气管炎。近些时候,我不太安心,因为眼睛和手都跟我作对。但是我敢肯定,我见过的那道辉煌灿烂的光就是为了照亮这条令人忧心忡忡的道路。这给了我更坚定的信念。继续走在这条路上,这条上帝之路。

8

每天早晨,我会察看光的状态。我只在自然光下作画,从来不用电灯,只有随天色变化的光线,能在画面上形成起伏,闪闪发亮,赋予画作以血肉。

在开始作一幅画时我总是先祈祷:这种富于仪式感的举动让我贯通感官,走出自我。我坚信绘画是一种祈祷的方式,是通向上帝的一条路。

有时,面对绘画的难关,感到无法很好地解决,我也会泪流满面。那时我会听到上帝的声音,就像他曾经赐予我的恩泽,他在内心对我说:"坚持住,别气馁!"这就像歌剧《魔笛》里那样。我相信每一次我都听到了这句让我继续前行的话。顺着这条路走,直到生命终点。

在变老的同时,我感觉没有从前那么相信

自己了。我甚至经常自问该不该放弃画画，因为我觉得画出来的东西不如从前了。可是，我没法下定决心放弃。

9

绘画既是一种内心的需要，也是一门技艺。当代绘画的老毛病在于没有下苦功夫，缺乏必要的静默，这一点再怎么重复都不嫌多。绘画是一个漫长的过程，每一种颜色相当于一个音符，需要跟其他颜色配在一起才能产生出准确的和声。是的，颜色只有跟其他颜色相对比才能存在。就像在音乐里，如果你给一个调式，比如 G 大调或是 G 小调，整个曲子都要跟着变。只要出现另一种颜色，就会有所变化。我重复一遍，一种颜色只有在旁边有另一种颜色时才起作用，或者说才能显现出它的音色。

我是通过在画室里长时间的工作才学会了这个道理。如今，我能相当快地找到颜色，看到细微差别。即便我的视力大幅下降，还是如此。是有怎样的奇迹，上天赐予我怎样的恩泽，让我能在绘画时能够看得清呢？节子常常承担画室助理的角色，她会调配出微妙的混合颜料，几乎总是能引起我的兴趣，它们大都是德拉克洛瓦的配色，后者是我们终生的导师。日复一日，在罗西涅尔平静安宁的环境中，画作慢慢铺展开来。

有时我会等上很久才开始绘画，我会在画布前沉思，让我的思想进驻到画中。这是一种和画作建立起来的长期亲密关系，有时变化是微小到难以察觉的，而有时节子会担心我否定一切，推倒重画。这是一项难以预料的工作，最终是一场秘密的合谋，一次神秘的邂逅。

是绘画教会我摆脱疯狂的时间之轮。时间不会跟在绘画身后追赶。我努力想要触及的是它的秘密。静止不动的秘密。

10

没有人思考绘画究竟是什么：一项手艺，就像诸如挖土工人和农民的技艺一样。就像在地上挖一个洞。需要配合既定的目标付出一定的体力劳动。回到那些秘密，那些无法辨认的、深邃的、遥远的道路。远古的道路。对此，我想到现代绘画，想到它的失败。我一度和蒙德里安很熟，我怀念他过去的作品，比如那些非常美丽的树。他那时看着大自然。他知道如何把它画出来。然后有一天，他陷入了抽象主义。我曾经和贾科梅蒂一起去看过他，那是一个晴朗的傍晚，日光刚刚开始西斜。贾科梅蒂和我看着窗前壮美景象。黄昏日落的晚霞。蒙德里安拉上了窗帘，他说他不愿再看到这些了……

我一直对他的这种转变、剧变感到惋惜。我痛惜现代艺术后来制作出的混合作品，那是伪知识分子们拼凑出来的，这些人不关心自然，对自然视而不见。正因为如此，我一直拼命坚守住自己的创作方法。我始终认为绘画首先是一门技术，就如同锯木头，或者在墙上或地上的某个地方挖洞……

11

现代诗歌也是如此。我不懂诗歌，但我认识一些伟大的诗人。比如勒内·夏尔[1]，对我们来说他既是伟大人物，也是至交密友。我经常与他见面，直到他去世为止。我仍记得租公寓给我的坎帝尼王妃也曾为勒内·夏尔的魅力所倾倒，她请我搬出去，好让夏尔住进来。夏尔非常喜欢我，他还把两三部短篇诗集题献给我。不过，我没有完全理解他的激情和狂怒。有一天，他对我坚称他差点向特里斯唐·查拉[2]开枪，因为后者在文学界激起了一种恐慌……

相比现代诗，我一直更喜欢清晰透彻的经典长文。比如帕斯卡[3]，以及特别是卢梭，后者的《忏悔录》一直是我唯一的枕边读物。我在这些文字中看到的明晰与单纯在经典的绘画作品中也能见到，人们可以即刻在普桑画作中找到这种钻石般的通透。

我在前面所说到的,我一直以来所设想的那种绘画的概念,已经彻底消失了。诗歌也走上了同样的路,被知识分子变得晦涩难懂。莫扎特的作品里所显现的清晰明了,里尔克所追求的那种一目了然,被抛弃掉了。

/1/ 勒内·夏尔(René Char,1907—1988),法国著名诗人,身高近2米,也是优秀的橄榄球运动员,作品流行不广,但深为同代作家所推崇。
/2/ 特里斯唐·查拉(Tristan Tzara,1896—1963),罗马尼亚诗人、作家、电影导演。
/3/ 帕斯卡即数学家、物理学家布莱兹·帕斯卡(Blaise Pascal,1623—1662),巴尔蒂斯在此应当指其神学兼哲学作品《致外省人信札》和《思想录》。

12

我对于所经历的这个世纪、遇见过的人,记忆都还是完整的,只不过记忆不是按时间顺序,而是按照相关性排列的,某个事件、某件趣事和另一件事情关联在一起,编织出我这一生的画卷。我常常觉得最重要的品质,最好的美德,就是闭嘴,保持静默。我从不阐释自己的画作,也从不追求去理解它们意味着什么。况且它们难道必须要意味着什么吗？所以我极少提及自己的生活，我觉得讲述这些是没用的。相比起表达自我，我一直专注在做的是用绘画来表达这个世界。不管怎样，我的人生片段好像都浸没在战争的记忆之中；有相当多事情几乎置我于死地，其中有些事情在那种近乎傲慢的、精心编排的人生故事中会显得微不足道且充满偶然性。在萨尔兰[1]，我曾经差点踩在地雷上，若真是如此，我的人生便会在下一秒终止。

我总是会回想起战时发生的事情。比方说，我现在没法一个人走路，这就像我过去受伤的时候一样。随着时间的推移，我可以对这些事情不那么在乎了。我不再感到不耐烦，也不再愤怒。就是这样。我们日积月累获得了一种智慧，随着年岁衰老获得了一种内心的平静。

同样，对于我散落在世界各地的画作，我也不大放心上了。我劳动的成果，全部的作品，一切一切，都在外面的世界。节子尽力回购我的画作，比如我最早画的风景画，或挂在客厅里的柯莱特画像。让人感动的是她还坚持不懈地去建立巴尔蒂斯基金会。她为此东奔西跑，她对我说："如果你不做了，那我就一个人继续做。"我知道，她是对的。瑞士当局愿意就在罗西涅尔，在大木屋的延伸建筑里，创办起这个基金会，这让我非常感动。如此一来，散落的东西可以重新聚集起来。散佚的一切可以不再零落，可以聚拢、联系起来。

/1/ 萨尔兰位于德国西南部，西邻法国。

13

一定有一些地方，有一些人是为了我们而存在的。它们与我们产生交集，变成我们不可缺少的一部分，几乎成为命中注定的存在。罗西涅尔便是如此。当我要从美第奇别墅卸任时，节子和我想找个合适的地方安家。我们来到湖滨高地区/1/旅行，住在大木屋，这里后来就成了我们的家。这里当时是一间旅舍，在过去的几个世纪里曾接待过维克多·雨果，甚至还有歌德和伏尔泰。这座美丽的宅邸散发出内敛、沉稳、亲切的魅力，我们一下子就被迷住了，尽管房子很破败，年久失修，拥有十多个房间和上百扇窗户，实在太大，但是冥冥中有什么告诉我们：这地方已经属于我们了。节子早就不自觉地把它视作自己的了，它让她想到中国北方的古刹或日本帝国时代的神社，它倚靠在山腰上，就好像我们身处于自然跳动的心脏里，深邃又神秘，就像东方版画里描绘的那样——这些庙宇几乎悬空，我们还在这里重新发现了过去在蒙特卡维罗城堡留下的印迹。

不过，罗西涅尔还有另外的魅力，墙和地板铺着金黄的松木板，散发出雅致、温柔和静谧的气息，每走一步都咯吱作响。房主想必是对打理这么大的房子感到厌烦，随口告诉我们，这座木屋准备出售了。他的话甚至没有让我们感到惊讶，因为我们已经认定了这就是我们的家。

我们是靠着和皮埃尔·马蒂斯的一个协议，才得以买下这座木屋的。我把自己的几幅油画给了他，而他替我们买下这幢旧建筑。我们是在1977年搬进来的，此前我让人进行了不少修整工程。在罗马的那段时间，我已经成为房屋修复方面的专家了。我试着恢复大木屋过去的美丽与荣光，以及它作为乡间住宅独有的温柔：我们买下了旅店里原有的几件家具——一只蓝色陶瓷大暖炉很像我们在维米尔画作中见到的那种，几张戈斯塔夫风格的粗松木斜面写字桌。余下的都由节子操办。春美那时不到5岁，对此很是喜欢。如今，她还是住在这片地方，在这片她儿时生活的土地上。她当时和罗西涅尔当地的小孩子们一起上学，和他们在结冰的道路上玩耍，在厄堡驯马场骑马。她现在还会回来，在这里度过整个上午的时光，骑着马去到田野里、森林边。

但是很奇怪，虽然我几乎所有时间都生活在罗西涅尔，而沃州前阿尔卑斯山这片地方是我从儿时起就如此熟悉的地方，我如此喜欢它，但是我还没有画过它。这是为什么呢？我经常画蒙特卡维罗、台伯谷[2]和沙西，却没有画这里？从很久以前，我就想画一画罗西涅尔的火车站，这座小房子是依山而建的，节子赞助过的莫博线黄金列车总是会准时进站，这列小火车从洛桑蜿蜒而至，就像保存完好的童年记忆。这景象，我还没有画过。

/1/ 瑞士沃州湖滨高地区。
/2/ 台伯谷，即意大利第三长的河流台伯河沿岸谷地。

14

我想讲一讲在罗西涅尔这里和春美重聚的幸福。她的名字在日语里的意思是"春天的花朵"。她出生在罗马，在修复后重现光彩的美第奇别墅里，对于这栋别墅的重建工作，我也多少出过一点力。我记得她对正式的晚会特别着迷，她在美第奇别墅里聚集着的罗马上层社会人士中间自在地走来走去。我不怎么喜欢当代音乐会，当我不得不出席时，我会以某个工作为借口悄悄溜走，但她却会和保姆坐在第一排，专注地看演出。她在罗马度过了非常诗意、非常自由的童年生活，她经常喜欢睡在那间著名的土耳其房间里，那是这里的前任院长贺拉斯·韦尔内[1]布置的，而我对其进行了修整。

无论从哪个角度来讲，春美都相当特别，怕生又独立。我一直记得，她出生时我的心情，当时他们在别墅打电话给我，告诉我生了一个女儿。我立马为她买来一件家具，这家具至今还放在原来的地方。要讲春美很难，她复杂到让人不知从何说起。她总是想什么就说什么，毫无顾忌，或者要我说，是特别天真，让人没法生气。我觉得她和我很像，尤其像我年轻的时候，她掌握着青春和自信，坚定地走在自己的道路上，对自己和自己的能力充满信心。就像我逆潮流作画的时候一样。但是她比我更坚强。我老了，也许失去了这种自信笃定，这不是傲慢，相反是一种不羁的意志，而这是如今春美所拥有的。现如今我觉得自己更平和，也更多愁善感了。这很像我住的地方的历史，我把它称作"封建"精神，在蒙特卡维罗，它令我着迷，而那种气氛常常让我想起司汤达。春美布置了自己在城堡顶层的房间，有一片露台伸出屋外。从那里，她可以俯瞰整座山谷。

她有很多创意，她在几年前就创设了自己的品牌，设计出由布饰和准宝石制成的首饰，她还发明了"巴尔蒂斯手包"，是用我画室里擦笔用的围裙做的。这些都取得了惊人的成果。她还决心创造出自己的香水："春花春美"……

所有这些都是她自己主动去做的。她从来不喜欢上学，有点叛逆，管自己叫"笨姑娘"。可我一直喜欢她的自由独立，喜欢她自主学习的做法，就像我当时听从博纳尔的建议远离所有的画派，坚持走自己的路，去巴黎和托斯卡纳临摹古典大师和文艺复兴早期意大利画家的作品……

/1/ 贺拉斯·韦尔内（Horace Vernet，1789—1863），法国画家。

这就是我为什么喜欢那些怕生却优雅的小猫而且经常把它们作为画作主角的原因。我一直和它们有种特别的缘分。从儿时起，我的小伙伴们就管我叫"猫仔"。我的一生好像都受到了它们的影响。6岁时，我画过一系列水墨画，讲述米簇的故事，米簇是我的弄丢的一只小猫，我因为它走丢非常难过。这组画有点像连环画，没有文字，但是非常生动。它是一部短篇史诗，回顾了从收养米簇到它走失所发生的所有事情。米簇很不听话，一有机会就逃跑。但是最后一次它彻底逃走了：我再也没有见过它。把米簇的故事画下来，就能为这份友情做个纪念，可以让一段时间得以留存。这不已经是一种简略的艺术了吗？我把生活中有它做伴的时刻都画了下来：在火车上，和我母亲在一起，在家里，在楼梯上，在厨房，在花园里；画中我自己递给米簇一个线团，它拼命想抓住；米簇因为偷了一块面包，被赶下桌子；米簇和我一起在床上，在鸭绒被底下缩成一团；米篾和全家人一起，欣赏着亮起灯的圣诞树。之后，画作内容变得更加简洁，为悲伤留下空间。画中的我自己为寻找米篾四处奔走，到地下室和空荡荡的街道，在最后一幅画中，我哭了，流下大滴大滴黑色的泪水。

里尔克那时是家里一位重要的朋友，他鼓励我画下去，用心关注画作的每一步进展。是他决定出版这些画作并由他撰写序言。这本绘画集1920年由一位德国出版商出版，前面印有里尔克承诺要写的序言。很早我就明白自己与猫的世界存在着隐秘又神秘的归属关系。我觉得我有着和它们一样的对独立的渴望，以及像里尔克所说的，终究不可能真正了解的猫的本性。"人是否永远不会与猫处在同一个时代？"他曾写道。

我记得自己从来没有远离过猫。我身边总是有猫做伴，有人某一天告诉过我，说我身上有股浓浓的麝香味会吸引它们过来。我尤其记得"吓人猫"，猫如其名，它确实很可怕，只要它一来，别的猫就全都不见了。它是只漂亮的雄猫，只是很凶，它跟着我到处走时却像羔羊一样温顺。我还记得它和我一起散步，一路都很乖巧，尽管在其他场合它引发冲突。我把它画进1935年的一幅画里，取名为《猫王》。在画上，"吓人猫"对着我挑衅，它看上去很温和但表情有些凶狠。我甚至觉得我自己也有凶狠的一面，我有点像它。

1950年代，我曾经养过三十只猫，当时我住在莫尔旺山区的沙西城堡里。那是一座巨大的建筑,地基坚固结实,有很多空地和附属建筑可以给动物住。有一天,我从罗马带回了一只小猫,我是在美第奇学院的花园里发现它的。它看去完全没有攻击性,可在沙西它却变得凶狠霸道,引发了巨大的混乱。它不让任何别的猫进食,并且和所有的猫打架……

没错,这些猫让我回忆起我所有的作品,它们安静又矜持,没有打扰到我的生活,反而给了我一种陪伴。和阿尔托共度的日子,有个女孩一直管我叫"猫王",如果我没记错的话她叫希拉……我给她画了幅肖像:《猫女王》(La Princesse des chats)。这是唯一一幅使用这个标题的画……

我愿意相信自己真的是它们的王。况且我身上也确实有个标记:在我的左眼里,有一块由细小血管组成的红斑一直褪不掉,它的形状分明是数字13。如果把两个数字合在一起看,这就是巴尔蒂斯的"B"!我在大木屋所睡的房间,保留着原先旅舍的房号,也是13。我便毫无争议地自封为第十三代猫王,而且我坚定地创立起这个王朝!

在罗西涅尔这里,猫过着一种理想的生活。它们在我们旁边,和我们一起吃饭,按时溜进来参加下午茶,睡在节子绣的垫子上,那上面绣着它们的画像。午后客厅宽大的窗户洒进金灿灿的光,我靠在下面打盹、听莫扎特,猫也一起听莫扎特。想必它们已经把《女人心》(Cosi fan tutte)的谱子熟记于心了……

16

莫扎特，他的优雅和庄重，没有一天缺席过。我最欣赏他的地方是他的轻巧，哪怕是在宗教音乐中，他也可以如此巧妙，时而缓慢时而急促，他能把所有这些都谱写进作品里。是的，我没有一天不躺在客厅里，静听着、享受着《费加罗的婚礼》《女人心》《魔笛》……我把莫扎特排在全世界所有作曲家的前面，他达到一种普世的状态，他使用着人类灵魂最高雅的表达方式，没有任何人能像他一样使人情绪激动，他就这样触及全世界的秘密，那些隐藏的奥秘。他曾一直是我的榜样，他能带给我各种事物的解答。绘画与音乐是共通的，它们说的是同样的事情，它们追求同一种动人心弦。我一直想达到这样的完美程度，无论是仰慕的巴赫，还是贝多芬，都不曾像莫扎特那样让我心醉神游。绘画和音乐一样，都可以让人达到某种极致的神圣感。莫扎特做到了。这解释了我在1950年所感到的喜悦，当时，我在艾克斯歌剧节[1]上为《女人心》做舞台布景……和《颂西公爵》不同，我希望重新看到莫扎特行云流水般的优美以及面具背后，被表面的欢快所掩藏的悲痛和心碎。在开始设计布景之前，我真的完全沉浸在这部作品中。以至于直到今天，我还能记住乐谱，能在湖滨高地区重新体验当年工作时体会过的感动。一遍又一遍播放莫扎特的唱片，就可以连接到过去，体会曾经的喜悦，回到过去，那永远富有生命力、永远充满张力的时光。

皮埃尔-让·儒弗[2]也写过关于这部《女人心》的评论文章，他准确地描述了莫扎特的意图，那也是我尝试去表现的。对于莫扎特而言，他要再现人世间残酷的真相："欢乐与悲伤的结合"。"在音乐上，令人迷醉的天籁"……

其实，莫扎特讲述的是人类全部的历史，既有内心的隐秘想法，也有宏大的叙事。他尽可能准确地进行表现，他简单直接，却让人几乎无法生气，他运用的技巧既精妙又有力，让人看不出是技巧，将世界的抒情乐章不加修饰地展现出来。在绘画上也需要达到同样的简单直接，我曾一直说要力求达到这一点，要接近所有人以及这个让他们变得广阔无边、震动人心的大千世界。在我一边休息一边听莫扎特的时候，我感受到各种各样的情感：幽默、哀怨、不幸、幸福、温情、怜悯、痛苦，它们都可以对应到各种颜色上。他所触及的是一份包罗万象的、庞大的资源。我常常怀着谦卑憧憬着这口泉井，但同时没有违背我的信仰。

/1/ 艾克斯为普罗旺斯前首府,1948年开始举办音乐会至今,音乐多以歌剧为主。
/2/ 皮埃尔-让·儒弗(Pierre-Jean Jouve,1887—1976),法国小说家、诗人,五获诺贝尔文学奖提名。

17

我的绘画观就是我全部人生的观念,它可以追溯到我的童年时期,而事实上我从来没有真正离开过童年。里尔克间接地通过诗歌跟我谈论过信仰,一定是在那时,我发现了这个世界有多少精神意义,而我们需要到平庸无聊的事物中,到伟大而无边的事物中,去寻找并找到它们。博纳尔懂得这些事物,它们在不起眼的花束中,在被白霜微微覆盖的土地上,在冬天的风景里或是在那些洒满阳光的阳台上,他懂得如何将它们精准地画出来。有人声称我画的裸体少女是淫荡的。我画她们的时候从来没有过这种用意,这样的想法会让画变成流言和谈资。但是我的用意恰恰相反,我想让她们被环绕在宁静和深邃的光晕中,在她们周围营造出一种炫目的效果。正因为如此,我把她们看作天使。她们是来自别处的生灵,来自天堂,来自某个理想世界,来自某个突然裂开、穿越时间的地方,留下令人惊叹、迷醉的足迹,又或者她们只是圣像。只有唯一一次我画了一幅带有挑衅意图的画。1934 年，皮埃尔画廊展出了我的画作《爱丽丝》(Alice)、《街》(La Rue)、《凯西出浴着装》(La Toilette de Cathy)，以及放在帘幕后面的《吉他课》(La Leçon de guitare)，它被认为在当时的时代"太过大胆"，然而那时已然掀起了立体主义和超现实主义的狂热。我当时太固执，用皮埃尔-让·儒弗的话说，太"敏感"，"永远不满意"，无论是对我自己还是对我的画。我当时就这样被工作吞没了，那是我工作最为勤奋的一段时间，完美主义，迟迟不画"最后一笔"，以至于节子一想到我要回看某幅曾经的画作就会发抖，因为我会想要修改一根线条，重涂一个色块，甚至把画全部抹去……

在画《吉他课》的时候，我住在福斯坦堡街，不怎么在意舒适程度和物质满足，一门心思投入到绘画上，想要理解绘画的奥秘。不久之后，我离开这间画室搬去了侯昂庭院，还是在圣日耳曼·德-佩区，那是个非常大的画室，宏伟的建筑有些破败，却仍保存着往日的辉煌气派，显示出一种威严，一种宗教的、史诗般的力量。在这个破败的世界里，我感到阴暗卑微，而唯一能引起我兴趣的便是绘画的工作。那年我 26 岁。

18

这项工作,我很早便学会了。从小时候起,我的母亲巴拉汀就爱说,我会一丝不苟并且坚持不懈地临摹那些画家的作品,尤其是普桑的,说我认为那就是对我来说最好的学校。在给里尔克写的一封信里,她说起莫里斯·德尼[1]对我很宽容,也很关切:这孩子就只是缺少"画画工具和技术",他说。我很快便投身到绘画学习中,通过这所"临摹学校"来更好地学习。这对我来说一直是必不可少的,在伟大画家面前保持谦卑,通过他们的技艺和慷慨馈赠学到一点东西,并由此实现进步。

我从来没在哪个学校里上过课。16岁时,我的父母把我送到巴黎去学习绘画,我住在那里,常去拜访他们熟识的艺术家们。博纳尔、纪德、马尔凯[2]见证了哥哥皮埃尔和我本人在绘画上的探索发现。1920年代初,巴黎艺术活动兴盛,创造力蓬勃。博纳尔给了我极大的鼓励,并耐心地持续关注着我,是他引领我进入了艺术界,比如向画商德鲁埃展示我的作品。我曾画过卢森堡花园的一组作品,我想那是在1925年:孩子们沿着人行道走着,那些树已经尤为显眼,参天大树占据整个视野。我当时很在意去表现材质的效果,物体的分量、重量。

我那时很年轻,我很看重色彩,看重绘画的材料,我说的是颜料、油彩以及所有为世界赋予存在感和生命力、让它显得灰暗且厚重的东西。

我当时很用心地倾听所有的话,接纳别人

的经验，从来没有对博纳尔和莫里斯·德尼慨地为我提出的建议表示过反抗。当然，正是他们让我明白了绘画是一种需要耐心的艺术，是和画布一同经历的漫长故事，是对它的一种承诺。有时，在罗西涅尔这里的画室，我只需要面对还未完成的画作沉思，抬起手，加上简单的一笔，我就会对画的进展感到满意。这是慢的艺术，可作品终归在前进。当代画家的急躁是很糟糕的，它否定了这份必要的匠心，而绘画需要全神贯注的投入。要保持谦卑，保持朴素，如果没有这份心念的缓慢流动，就什么也完成不了。

1925—1926年间，我养成了习惯，整天待在卢浮宫临摹普桑，开始了一场绘画的历险。我从中学到的比在任何学校、任何学院都要多，我明白了布瓦洛的建议：回到技艺上面，做上百次……

我是在孤独的状态下取得的进步，当然，尽管孤身一人，但我有相信我的导师们协助，并且我的母亲也对我怀有极大的信心。在9岁或者10岁时，我画的是一排排紧挨着的士兵，蒙特卡姆侯爵家的生活场景铅笔画……13岁时，我刻了一些小型人像，比如里尔克送给我母亲的这件佛陀雕像，我做了一件一模一样的。如今看来，学习绘画的那些年仍旧是最令人激动的时光，尽管后来还有被里尔克称作"不确定的那些年"的年代，还有战争、逃亡、流离、屠杀，这些用纪德的话说是热情与火的年代。在贝阿滕贝格的那段时间，我参与到为镇上小教堂创作巨幅绘画的工作中。我不知道那些画怎么样了，因为后来掀起墙壁无装饰的风潮，它们便被拿走了，就好像在人间蒸发了一样。那是一些《圣经·旧约》里的场景，像是被天使加百利现身吓到的萨拉，以及阅读但丁后创作出的宗教肖像画。里尔克送了我这本《神曲》，而我为但丁的想象力和惊心动魄的描写而激动不已。我很遗憾这些都不见了，淹没在时间里，消失了。不过我还保存着清晰的、相对完整的记忆，也记得我那时的创作激情、年轻的冲劲……

/1/ 莫里斯·德尼（Maurice Denis, 1870—1943），法国画家、作家，其文艺理论是立体主义、野兽派和抽象主义的基石。
/2/ 阿尔贝·马尔凯（Albert Marquet, 1875—1947），法国画家，前期作品有野兽派风格，后期风景画偏自然主义风格。

我的青年时代也与我在摩洛哥盖尼特拉的那段时间密不可分。我从1930年底至1932年初在那里服役。随着年纪渐长，那些被遗忘的记忆又重新浮现，那些曾经在回顾非洲经历时被看作是无聊的、创作停滞的一段时光，又被染上了光彩，自此以后我便对其保有闪耀的记忆。那里土著居民高贵的面孔和品行风尚，我非常欣赏，还有特别是那里光芒四溢的风景，令我深受触动。我和卫戍部队的上尉成了朋友，我当时属于第七骑兵团，最开始我被派到了非洲步兵团，是因为我父亲和沃格家族[1]的一位成员有深交，我才得以进入这个骑兵团。

我所在的兵团最后非常时髦，军装帅气又豪迈，甚至在离开摩洛哥之后很长一段时间，我还会穿它。后来我觉得这样可能会被认为很做作，所以就把军装叠起来收进了衣柜里。时间一久，军装就被虫蛀坏了。就这样，记忆也随之而去。它们被淹没，永远消失了……

我和那位上尉朋友经常在阿特拉斯山脉一带旅行。这样可以短暂地逃离部队的规律生活，逃离烈日下单调的日子。就这样我不仅探索了南部的棕榈树林，而且还看见了像菲斯和马拉喀什这样的富丽堂皇的城市。

我喜欢这种剧烈动荡的风景、夺目的光线和强烈的色彩，这样的配色是我景仰的大师德拉克洛瓦所喜爱的。因为服役，我重新认识了德拉克洛瓦，我对这位大师有了完全不一样的新印象。我非常确定他的旅行绘画集曾经是我的枕边读物。直到今天，它仍旧对我有用，可以帮助我选定色彩，让我学习他的配色方案以及他的绘画技术，这套我无比珍视的绘画技术却被现代画家们轻易地遗忘了……我当时震惊于军营生活中近似于芭蕾舞表演的一面，非常整齐的脚步，规律的运动……在这个时期我所画的几幅作品中，比如《骑兵与马》(Le Spahi et son cheval)或《兵营》(La Caserne)，我认为我展现了这种对我而言很明显的舞蹈风格。在骑兵团里，马是非常重要的。我和兵团里的一匹马关系特别好。我结束服役的时候，这匹马便绝食而死了。收到它的死讯时，我住在福斯坦堡街。我对此非常难过，这份悲伤在这里，在罗西涅尔仍然保留着痕迹。可以说，这个时期为我的绘画做好了准备，埋下了伏笔。我总觉得从那以后，我的绘画便走上了正轨。在摩洛哥服役时所发生的一切，都好像在让我的绘画变得成熟，为它赋予真正的意义。不过，在北非度过的数月里，我几乎没有留下什么作品。只有几幅速写和两三幅油画。但是绘画创作是一项整体的活动，所有的时间都是在进行绘画创作，就算没有真正在绘画，也还是在进行绘画创作。那个时候便是如此。正是因为这样，当我回到法国，我知道自己真正想做什么，所以我的绘画生涯并没有因为到摩洛哥服役而中断。相反，我在福斯坦堡街顶层的房间朝向了德拉克洛瓦的画室。所有事情都连上了，一切都是连贯又有逻辑的，是统一而协调的。

　　我本该找拉穆兹[2]问问我的服役生活，这样我可以知道关于我自己更多的事情。有一天，他让我讲一讲当时是怎么过的。我开始谈起那匹马，谈起我们之间的友谊，然后他继续讲，编出接下来的故事。在我们交谈过后,他讲述了一些从没发生在我身上的事情:拉穆兹的想象力很强大,他很慷慨……

/1/ 沃格家族为法国贵族,家族成员自拿破仑时代起即有参军的传统。
/2/ 查尔斯-费迪南·拉穆兹(Charles-Ferdinand Ramuz,1878—1947),瑞士籍法语作家、诗人。

20

然而在大木屋这里,我和马之间的缘分依然延续着。我的女儿春美在木屋旁边的一小块土地上弄了个驯马场,门是跳蚤市场常见的风格,马棚像一个个房间。它还有点像波兰扎科帕纳附近常见的那种传统枞木屋,让我这个从塔特拉山出来的老波兰人,由衷喜欢。春美常去罗西涅尔山上的厄堡骑马场。一天,马场主人邀我们出去兜风,坐的是两匹马拉行的婚用四轮马车。我们走了很长的路,经过很多迷人的风景,一直跑到了格施塔德。这一路真是美不胜收,我们经过了许多像儿童玩具一般的村庄,走过险峻的道路,周围环绕着雄伟的山峦……类似这样的时刻让我们的人生充满美好与欢乐。我很清楚,我们不可能回到没有汽车的时代。汽车不可能从我们这个不幸的世界上消失掉。看看汽车把罗马市中心变成了什么样，那里成天堵车，到处是噪声和污染。在这里还没有被汽车侵占之前，我曾见过这座永恒之城。罗马的魅力无法用语言形容，它展现出一种优雅，独一无二的优雅。到了1980年代，它一下子陷入了喧嚣和纷乱。就像我的朋友费里尼在他的艺术电影《罗马风情画》（Fellini-Roma）中所预感到的那种现代生活隐喻。

正因为这样，对于那些在一段时间内还能躲过污染和现代生活侵袭的地方，我常常受其吸引，我会凭直觉选择这些地方。就好像有个神秘的声音在告诉我它们的存在、它们的踪迹，就好像这些地方是独属于我的，没有其他人会真的想要，因为它们的环境太过奇怪，或者极其破败不堪，再或是它们太大了。而我会不自觉地受到召唤住进这些地方……

我很清楚地知道罗西涅尔是我的地方。这里有鸟儿歌唱，让人感受到一种愉悦，一切的想法都获得了平静，即使是衰老，衰老所带来的问题我已经不太在乎了，我接受这种状态，把它当作一种自然的发展，而祈祷和绘画会对其有益。总之，有这间画室，能慢慢推进画架上的画作，能够和节子一起研磨颜料找到最合适的色彩组合，对我来说就足以获得幸福。节子帮我调出这些颜色，她对色彩有着超常的感知力，她自己的画就能证明这一点，我也非常欣赏她的画。那些画色彩调和,那是真正的绚丽多彩。实际上,这是我一直想在我的绘画里实现的,实现美,实现协调,并由此接近神性。在大木屋这里,存在某种神性,这里一片寂静,尽管有我们发出的各种声响,有莫扎特音乐的声响穿过各个房间,有我们踩在木地板上产生嘎吱声,就像是一种终于被实现、终于被发现的美妙舒适的状态。

我一直带有这种乡下人的特征,我觉得现在因为住在这里,它最终在我身上得到了调和。绘画和风景是混在一起的,从我们的窗户望出去,每天都有一幅真正的画出现在我眼前。我的生活与罗西涅尔的这种简单朴实融为一体,融在这单纯的风景中。其实我的生活没什么可写的,只有一些回忆的片段,它们一个接一个地联系起来,组成并编织出我的生活。我的生活和绘画是一体的,我真正说的话只在绘画中。我认识了太多作家,加缪、圣埃克絮佩里、夏尔、儒弗,等等(除了格林[1]我没能认识!),所以我不能厚着脸皮去追求写作。只有这些被收录的只言片语留下来,它们讲的事情各不相同但又有着一致的内在联系,可以保护这些记忆免受时间的侵蚀。

---

[1] 朱利安·格林(Julien Green, 1900—1998),法裔美国小说家。

21

神赐的每一天，我都会默默地祈祷和沉思。这种心境很重要，不仅有助于绘画，也有助于我逃脱世间的灾祸，躲开无法控制的变化，远离耗人心神的喧嚣。在这场内心的修行中，罗马教皇送给我的念珠对我产生了很大帮助。我是在旅居罗马期间见到约翰·保罗二世的。当时他正值盛年，给我留下了很深的印象。见面之前，他很高兴能和一位波兰同胞交谈，但是因为我不会说波兰话，这让他很失望。唉，谈话只能用法语进行。不过，他为人可亲，不会让人觉得不自在。我相信上帝出于好心，决定派一位圣人来这个不幸的世界，努力让人类重新振奋起来，再度激起一点智慧和爱的火花。或者，我很肯定，上帝感觉有必要派一位圣人来我们人间。他自己的信仰、他的笃定、他在传授信念时的激烈语气，让我的信仰也得到加强。我喜欢这些狂热的、炽烈的、笃信宗教的人。阿尔托在某种意义上就是这种激烈狂热的宗教信徒，他有一天给我写了信徒式的书信，他带着近乎宗教的热情讲着施洗者圣约翰和圣方济各。我经常跟他说，搞超现实主义那一套是选错了路："别相信他们，当心点"，我对他说。他回答："我很清楚他们在做什么。"但是他既没有时间也没有力气重新开始了。我确信，他本可以成为一位伟大的神秘主义艺术家。

我的强大毅力来源于我的信仰，它让我能够顽强地向前推进，至少我的这份顽强的精神是一直受到认可的,哪怕是在我的绘画还不受认可的时候。我这种不屈不挠的性格让我得以向前走。可以说,我和不少画家"一起工作"过,比如马萨乔、皮耶罗·德拉·弗兰切斯卡、弗拉·安吉利科[1]——就像他的名字所显示的那样,他具有天使气质,还有来自意大利中部不太出名的画家马索里诺·达·帕尼卡莱[2],他们对绘画要求很高,长时间投入工作,却并不总能获得回报(马萨乔很年轻便去世了),这让我充满燃烧的力量,也明确了我的志向。我记得在托斯卡纳漂泊流浪的那些年里,我和他们一起度过了很长的时光,一天里我花一部分时间去打零工,以保证基本的生活需求,剩下的时间我便会去研究他们的画。我当时不是在廉价小饭馆里做洗碗工,就是去给游客做导游。我只有一件要紧事,那就是临摹他们的画,尽可能靠近他们,去研究他们运用色彩的奥秘。于是很多次我都在阿雷佐的圣弗朗西斯科教堂面对着皮耶罗·德拉·弗兰切斯卡的壁画度过了整整一下午的时间。当时没有人认识弗兰切斯卡这位画家,他被人忽视了,直到现在人们才发现他的才华,并对他进行研究,为他撰写书籍,举办展览。独自和他待在一起几乎是超现实的,我投入到他的绘画中,投入到我所知道的尽管杂乱但是最为才华横溢的绘画中。我肯定是置身于世界的奥秘之中。

我青年时代的那些年就是这样度过的,独自一人持续地接受艺术启蒙。此后,我便保持着对于孤独状态的偏好,一直渴望独自进入绘画的谜团中,走近它的深处。

/1/ 弗拉·安吉利科(Fra Angelico,约1395—1455),意大利早期文艺复兴画家。他的姓Angelico带有天使(Ange)的词根。
/2/ 马索里诺·达·帕尼卡莱(Masolino da Panicale,约1383—约1447),意大利早期文艺复兴画家,可能与马萨乔合作了《圣母与圣子》。

22

所以要走近绘画的这种黑暗谜团,揭开谜团的过程是缓慢的,也是随机的。我送给伦敦国家美术馆的一幅近期的作品,其创作灵感源于普桑的一件作品,这幅画便历经了一段漫长的成熟变化过程,在此过程中我往往是局外人,被它牵着走。画作历经的不同阶段显示出画家为了实现所设想的最终完成状态所进行的不懈尝试。那幅作品画的是一位被森林之神萨提尔/1/吓到的仙女。我花了很长时间才终于画出她在外面,在自然中的,裸体形象。画上的没有一样是对的。有一回,我用波佐利红油彩涂满整幅画,从零开始重新画。之后,很"自然地"——如果可以这么说的话——裸体的仙女落在了一张石床上,我一下子发现对于身处自然中的裸体美女,她的光线,会很自然地用到月光。节子用粉笔在画面上部画了一道月牙。而这最终很明显产生了影响。所有的一切都变得协调了,拥有了意义,仙女身体的珍珠色与月光相互映照,仙女的身体置身于风景的中央,那片风景从来都在那里,还有那个小小的石竹花冠,它是对杜·贝莱[2]的纪念:画中出现了"我献上这些初绽的玫瑰……",也是对普桑所画的花仙子的致敬。石竹让人联想到夏天,整个画面成为一幅夏天的画,而画的标题《仲夏夜之梦》(Songe d'une nuit d'été)证明了这一点。

我的画就是这样创作并调整完成的,采用这种悬而不决的夜游式的方法,我不会给出专横的指令,而是让绘画自行呈现出来,我的手会忠实而谦逊地接收绘画的指示,最终让美得到显现。

---

[1] 萨提尔是古希腊神话中生活在森林里、生着羊角羊蹄的半人半兽神,喜欢饮酒并贪恋女色。

[2] 约阿希姆·杜·贝莱(Joachim du Bellay,约1522—1560),文艺复兴时期法国诗人,七星诗社的成员,有理论著作《保卫与发扬法兰西语言》。

23

在完成画室的工作之后，我就会回归大木屋。在夏天的下午四点半或五点，节子会准备好传统的茶。我们会聚在餐厅里完成这项雷打不动的日常惯例，这给人一种安心平静的感觉，使得那个匆忙而动荡的世界相形见绌。莫博线列车的汽笛声也变得亲切了，这列小型火车从洛桑开来，慢慢地向着山上进发，进入山谷深处的隧道之前，沿着窄窄的轨道一路鸣笛。汽笛声会定时响起，让人意识到时间无情地流逝。一路走来，多亏有节子的悉心照料，这个家才达到了平衡与安静，显得这样平静、温和！

我们第一次来到这里时，大木屋还是一间正准备改作他用的旅舍，所有东西都非常脏。送上来的茶味道太糟糕了，于是我们偷偷地从窗户把它倒掉了，那茶有一股鸡汤味……

如今，节子会准备茶、精致的果酱、水果蛋糕和巧克力饼，而在大木屋的慢生活中，这个休息时刻也成了绘画的一部分。我们谈论画作，谈论绘画和正在进行的作品，那些猫爬上桌子，轻蹭着茶壶，但没有把它弄翻，这能让它们稍微暖和一点。我越来越喜欢住在罗西涅尔了，待在蒙特卡维罗的日子便显得过于漫长，但我们还是会过去，只是不会待太久。而我很快就会想念木屋的平静舒适以及在那里井井有条的生活。要是天气晴朗，光线好，和我寸步不离的刘医生就带我去画室；他让我坐在没有完成的画作前，有时候我会默不作声地在那里待上很久，抽一根烟，看着画布，对着它陷入沉思：对于进入绘画，与画作重新建立连接，这样的准备时间必不可少。

24

我很清楚，所有这些安适美好，都是节子的功劳，对我来说，她是世间最宝贵的人，她照看我，对我这个虚弱、笨手笨脚的老头无微不至。我的眼睛已经看不清了，路也走不稳，连上楼去房间，甚至是弹烟灰都需要帮手。

我是1962年在日本期间遇上节子的。马尔罗派我去筹备一个日本古代艺术的展览。出田节子那时还是学生，和舅母住在大阪。她生于一个古老的武士家族，家里还保留着古代日本的礼仪和贵族身份。我邀请她来美第奇别墅，从1961年开始我就在那里当院长。我很快便知道她对我很重要，然后，我们于1967年结为夫妇。我俩从来没有离开过彼此，她保管我的作品，让我免受干扰，给我建议，为我的创作做了无数的事，整理我们的资料库，按照我的指示耐心地调颜料——这种吃力不讨好的工作，她总是很乐意为我做，是她让我活得这么舒心。她为此荒废自己的创作，虽然我一直鼓励她作画。她画过这座木屋的内景，非常出色，有着她的祖国日本的丰富色彩。

  因为她，我对日本和中国文化有了更多兴趣，更加关注它们那种魄力、绘画中粗犷遒劲的线条、僧侣的超凡风骨。文艺复兴时期，西方文明和东方文明之间有着粗暴的分野，这种分野既无道理，又非常有害。不过，我深信这两种文明是联系在一起的，在我看来，两者对于世界意义的感知和诠释没有什么不同。因此，我心仪的那几位锡耶纳画家和远东艺术之间也没有什么不同。节子让我更加坚信了这个想法。她将我和两种文明系在一起；虽说早在遇见她之前，我就一直相信其间存在着紧密联系，但是，她让我对此深信不疑。她也在我们住的沃州高地上找到了家的感觉。四面环绕的高山让她觉得熟悉，尽管她并没有被它们所吸引，反而更喜欢平坦些的地方。但是，她把祖国日本的种种特色物件带到了这座木屋：她穿的传统服饰，我们常吃的日本菜，她收集的小雕像、木偶、机械玩偶以及房子正面的那些木雕——它们让这座木屋远看上去像一座远东寺庙……

25

早在少年时代,我就迷上了远东地区。大概13岁那年,我抢来了里尔克送给我母亲的一个佛像,然后不肯还给母亲,一定要照着做一个。我的母亲巴拉汀说,我怕她把塑像夺回去,就抱猫似的紧抱着不放。我还有一个宏伟的计划,写一出有关东方文明的戏剧,里尔克在写给我的信中还提到过。在贝阿滕贝格,我对东方文化的这种迷恋真正落在了具体的事物上,我看着窗外雪花飞落,我喜欢未受驯化的、险峻的自然,喜欢陡峭的山坡、高峻的峡谷、白雪覆盖的顶峰。在我快到14岁的时候,我读到了一本关于中国画的书,讲的是南宋时期所画的山,它让我眼前一亮,准确来说这不是一次发现,而是一次相认,那里就是属于我的地方,我眼前的阿尔卑斯山和中国那些不朽的崇山峻岭没有任何差别。我对这种风景的爱从来没有消退过。我在这里,在罗西涅尔,又再次见到了这种风景,因此我相信从儿时起我就从来没有离开过它。我想要画的,不是对自然的重现,而是表现出世间万物一致的特征,与一种思想融为一体,画出一种深刻的、逻辑严密的且极其深奥的含义。我在蒙特卡维罗所作的风景画,与宋代画家所理解的风景画非常相似,我没有试图把看到的风景表现得更有日本风格或中国风格,它们就是很自然地近似东方的风景画。它们两者对于整体和谐统一的追求是一致的。我认为,人们对某些被称作写实主义者的19世纪法国画家怀有很多误解。比如库

尔贝 /1/，我相当欣赏他，他就是一位反其道而行的画家，拒绝接受文艺复兴所助推的与东方绘画之间的巨大断层。库尔贝画画像中国人一样，也像我所钟爱的锡耶纳画家，还有布吕赫尔 /2/。不过也有其他艺术，比如滋养我的印度艺术，还有并非具象写实的中世纪艺术。画家、雕塑家与他们的写生对象融为一体，他们进入其中，去寻找意义。就是因为这样，我们把绘画理解成实现神性的精神艺术。

我所画的沙西的风景尽管和蒙特卡维罗的相差很远，却源自同样的绘画"哲学"。它们通向我所追求的这种意义和平静。

/1/ 居斯塔夫·库尔贝（Gustave Courbet，1819—1877），法国画家，写实主义画派创始人。
/2/ 老彼得·布吕赫尔（Pieter Bruegel the Elder，约 1525—1569），荷兰画家。

26

在绘画中会有一些无法言说的幸福时刻。比如在我 1940 年画《樱桃树》(Le Cerisier) 的时候，那是个很悲惨的时期，历史陷入了浩劫。但我还是画了《樱桃树》，尽量不把欧洲正在发生的悲剧带入到画中，当时，我在萨尔兰受伤复员之后,和妻子安托瓦妮特·德·瓦特维尔住到了萨瓦/1/地区尚普罗旺的一个小村子,远离了欧洲的战火纷扰。我预感到欧洲将渐渐被一块黑色幕布覆盖住,而我想要让尚普罗旺脱离那块黑幕。因而我拒绝所有喻示着阴暗和死亡的东西。画《樱桃树》就是画下一点幸福的痕迹,为这份正在消失的幸福留下一点念想。耀眼的光照在樱桃树上,少女踩着一个临时搭起的梯子爬上樱桃树——这体现出生活的天真单纯,还有果园和小山丘上的田野,一片平静祥和……

我当时想要抓住的是这种轻盈的感觉,用作家的话说就是"不能承受之轻",这种稍纵即逝的幸福。和我所画的其他尚普罗旺风景画一样,普桑绘画中的静止感给了我很大帮助。

要抓住流逝的时间中转瞬即逝的环境气氛,抓住草地和树林里一闪而过的太阳光线,抓住这种生命的无常,那些伟大的中国画家通过协调布局,用寥寥几笔就能画出这种生命的脆弱之感。我们要努力实现的是这些奇迹般的事情,而它们都是同样地以观察自然为基础,无论在西方还是在东方,南宋画家的山与沃州山区以及封建时期古朴的维泰博山地一样,都在追寻着同样的真理。

/1/ 萨瓦是法国的一个省,位于法国境内的阿尔卑斯山一带。

27

这种追求也始终出现在我的所有画作中。要画出我那些沉思中的少女面部表情和姿势的微妙变化是要求最高的，因为在画笔轻触画纸的创作过程中，需要重新发现这种转瞬即逝的童真，对于童真我们永远保存着回忆，难以释怀。也就是要捕捉到这份温柔，用铅笔在画纸上再现这依旧鲜活的鹅蛋脸，再现这天使般的面容。我始终与少女们有着一种天然的、朴素的默契。比如，娜塔丽·德·诺瓦耶（Natalie de Noailles）、米凯利纳、卡提娅（Katia）、萨宾（Sabine）、弗雷德里克，以及晚近些的安娜。在保持姿势的漫长时间里，生命活力的重要性得以体现，需要先让生命活力涌现出来，展现出温柔的内心、天真的性情，这种尚未被侵染的天真纯良来自时间起始的时候，需要不惜一切代价予以保护。这个过程带有某种音乐性，实现了曲谱中休止符的效果，例如在舒伯特作品中那种明显的休止，或是在莫扎特结束狂想曲转到低沉庄重旋律时运用的休止，由此触碰到神秘的境界，触碰到刘易斯·卡罗尔在《镜中世界》所说的"消失胜景的天堂"。要画出目光的神采、脸颊上隐约可见的汗毛、厚重的或轻薄的嘴唇间显露出的情绪，再没有比这更富有随机性、更难以完成的了。我想要画出的是少女模特脸庞上奇迹般富有音乐性的平衡状态。实际上，我的目标不仅仅在于画出身体或相似的五官样貌，而更在于身体和五官之外或之内的，在沉睡状态或沉默状态下所展现出的东西。

炭画笔可以传达这些,这种隐现的上帝恩泽,这份祈祷。这就是为什么在面对一些声称我画的少女来源于色情想象的愚蠢解读时,我仍然会愤然反对。他们这样说就是没有看懂我的画,我所关心的是她们从天使到少女缓慢转变的过程,我想要抓住被我称作是过渡的那个瞬间。

28

素描是一种学习绘画忠实性和严格性的极好的方式。在画素描时,我们最贴近自然,进入到自然最隐秘的几何形态之中,而这一点油画并不总能实现,因为在画油画时我们会运用更多想象,有更多布局和画面效果的考量。素描则相反地要求某种程度上的抽象,因为需要看到脸庞或身体外表背后的东西,需要到精神世界进行探究。

画素描更加朴素,或许更加神秘,需要成功点燃火花,点燃炽烈的炭火,有时候几笔线条就够了,那转瞬即逝的火花闪过耀眼夺目的光芒,那火光已被劫取,被捕捉到了。我曾经在咖啡馆的桌子上潦草地画下了可怜的阿尔托,我对这幅画像非常自豪,这就是我所说的:画家应该掌握一种精神性的表达方式,因为火花就是精神,而精神就是生命。画家所看到的是精神,他要能够抓住这种精神,能够捕捉到模特的真实所在,捕捉到其最深刻、最震撼的本质和结构。当时仿佛经历了一场穿越,像阿蒂尔·兰波[1]所说的那种通灵的体验。

如今我视力不好,不能再画素描,但还是有可能画油画。我还能分辨色彩,这很神奇,让节子觉得不可思议,但她每天都能确认这一点。当她给我的颜色不对的时候我是知道的,这就像在进行一场易容变换或是一场炼金术,我知道什么时候需要加一点普扎里红或埃及蓝,我已经看不见东西了,却还能看见画布上的色彩组合。

真是奇迹。

---

[1] 阿蒂尔·兰波(Arthur Rimbaud,1854—1891),法国诗人。

29

绘画要求避开任何轻而易举的事情,而同时画家有对自己的要求,对工作的信心,他所参看、临摹和喜爱的大师赋予他坚定的信念。曾经有段时间毕加索的崇拜者们主宰着绘画界,以至于人们认为任何没有受到毕加索影响的画家都是过时的法西斯主义反动画家。因为这个原因,我经常和当时的人们闹得很不愉快。于是我便逃到了僻静的地方，我确信我走的路至少对我而言是重要的，只有这样走我才能够画出画来。

毕加索尊重我对于独立性的在意，也尊重我不愿顺从主流的选择，尽管这个主流的确立得到他间接的助力。我需要经历很长时间、很多次压抑的怒火以及很长时间贫苦的生活，而后我的作品才真正得到认可。在侯昂庭院的日子，是我人生最美好也是最穷困的日子。但是，在那样孤独和贫困的生活中，有种重要的东西，让我进步。

在当时的所有画家中，我对德朗[1]留有很深的记忆。他人高马大，身强力壮，创造力旺盛，令我印象深刻。1936年，我给他画了幅站立全身像，画中他披着一件带条纹的居家便袍。那幅画如今应该在纽约，我想是在现代艺术博物馆。他的长袍拖到地上，因而看不到他的脚，他看起来很粗壮结实，活像童话里的吃人妖魔。那些年里我画了很多肖像画，通常是受人委托，用以维持生计，不过我还是满怀热情，因为我可以通过这些画继续进行我自己的探索，推进我所关注的课题。就这样，我给诺瓦耶子爵夫人、慕隆-卡萨德尔（Mouron-Cassandre）一家、米罗和他的女儿多洛蕾斯，以及罗萨比安卡·斯基拉（Rosabianca Skira）等人都画过像。绘画并不是去塑造形象，而是去深入理解。步入秘密的核心。用绘画照映出内心的图像。因此画家也是一面镜子。他映照出心，映照出内心的光亮。

画家应该将自己的目光和手凝聚在这个黑

暗的、几乎坚不可摧的、隐藏在自己内心深处的核心里，向着绘画对象投射，画出他真实的样子。这是非常难的，如同一场神秘的炼金术，需要高度的专注，抵抗住外部世界的侵扰。

我认为毕加索很明白这些，尽管当时我们的绘画走了两条截然不同的路。和超现实主义画家不同，我不愿意表达各种命令、混乱的效果、无意识的碎片，我想通过一种结构、一种布局、一种构建来让它们显示出来，暴露出来。我必须再度达到这种神秘的凝神状态。显然这不同于任何世俗的朦胧念想。一幅肖像画是一块等待捕捉的灵魂碎片，是未知世界中的突破口。

/1/ 安德烈·德朗（André Derain，1880—1954），法国画家。

30

或许正是因为这些原因，我不喜欢夏加尔。我和马尔罗经常谈到这个话题。他很欣赏夏加尔的绘画，不能理解为什么我持保留态度。我总觉得夏加尔画的是逸闻趣事、细枝末节，他的画有些虚假。他的天真在我看来有些做作。因为过于轻率随意，他无法进入被里尔克称作"啪嗒"的境界，无法进入那片神奇的世界。琐碎的故事太轻易就被表现出来，殷切盛情的感觉排除了神秘感，排除了事物和人身上冒失的、认生的、出乎意料的一面。

我也对鲁奥[1]感到失望，他那种"大家是这样做的"的样子，总之很让人厌烦，没有任何创见。鲁奥没有创造力，他不会迁移转变世界，无法让其内在部分表现得生动立体，无法触及内在的世界。

我一直把我画的人像想象成进入"啪嗒"境界的场景，就像在我还不到15岁的时候里尔克让我做的那样。在白昼转为黑夜或黑夜转为白昼的这段极其短暂的时间里看一眼他所说的那种"别样的光辉"。

只要注视、观察、进入其中就够了。实际上是去爱。然后会出现某种模糊的、遥远的、深刻的东西。在1935年我为阿卜迪夫人画的肖像中她那副期盼的姿态，或是1936年画的诺瓦耶子爵夫人的肖像，对子爵夫人来说好像什么事都可能发生在她身上，她姿态放松，做好准备来看破奥秘。

这种对惊奇和意想不到的事物天然的倾向性会迅速将铺盖的巨大帘幕扯破，我也将这种感觉应用在绘画上：绘画必须时刻准备好接纳令人惊奇的事物。

---

[1] 乔治·鲁奥（Georges Rouault, 1871—1958），法国野兽派、表现主义画家。

31

里尔克一直说,我应该先天就接纳这份惊奇,进入这个神奇的绘画世界,进入这个有光的深邃世界。我出生于2月29日,每四年才能庆祝一次生日。日历上特殊的这一天是天体运动造成的,它并不是为了给我带来不快。我总是带点嘲弄地写下它,好像它是一个奇怪的印记。"这个隐蔽的生日,"他写道,"在大多数时候都处在彼岸世界里,它一定赋予了你一些权力,让你能掌控许多这个世界上未知的事物。亲爱的巴尔蒂斯,我希望你能够把其中一些未知的事物引进到我们的世界中来,让它们适应这里的环境,成长壮大,哪怕这里变幻无常的季节会带来一些困难。"这是他在我还不到15岁的时候写给我的:我一直努力遵照他的心愿,不辜负他的期望。我只是希望在我的绘画中"引进"一些瞬间、一些不同寻常的奇特的邂逅,看穿现实让我到的彼岸世界,我不会像超现实主义画家那样通过刺激无意识或是自动写作这种杂乱的陈旧手法来寻找彼岸世界。里尔克的愿望是诗意的和精神层面的,将我召唤到"啪嗒"的境界,到这个缝隙中,从我学画的那些年起,我需要穿过那道缝隙抵达真正的现实世界,我不能在"啪嗒"的境界中遭到吞噬,他补充说,我的任务是重现"光辉胜景":对此没有说明,没有注解,我常常暗笑人们对我的绘画所做的解读,某些艺术批评家出于善意做出的推测,那些说法实际上跟我在画中所表达的相去甚远。我一点也不知道我的画是什么意思，但是它们是有意义的。或许没什么可说的，只需要看。因此我有时候会在画室里一连几个小时待在画布前。我看着它们，进入它们神秘的世界。他牵着我的手，带我走进他的黑夜。

按照他的方式来看，这种体验类似神秘主义的体验。他们登上神殿之前首先要经历一场黑夜，这是为了看见光所付出的代价。我为此而欣赏圣十字若望（Jean de la Croix）的诗歌，他们穿越黑夜，进入了心醉神迷的状态。这是神对他们的恩赐。

还是在我 15 岁那年，里尔克送我一套精装小开本的《神曲》作为圣诞礼物，我别的什么都没说，只反复念叨着一句话。我母亲转述了我在读完这套书之后所说的那句话："它让我飞起来，它把我带走了。"由此我想说的是艺术的确具有这种让人飞升、让人喜悦沉醉的精神力量，而我们只能在登临高处、毫无牵绊、精神提振的状态下才可以创作。我是带着这份信念完成的贝阿滕贝格教堂的那些画作。感受着但丁的激情与笃定。

32

仔细想想，我觉得从儿时起我的人生道路就已经被划定好了。这要归功于我的父母，他们拥有艺术界的人脉，常常请画家朋友来家里做客，这些画家们可以说是手把手领我来到画架前，还有我父亲所欣赏的画家，尤其是皮耶罗·德拉·弗兰切斯卡，以及我见到了塞尚的画，他画的那些水果，差不多什么都不是，却又好像是所有的一切，这种出奇的创作才能是一种从未被见到、从未被发现的年轻活力。从博纳尔和塞尚所画的，以及里尔克所写的内容中，我很清楚地看到了我应该画什么，要画这个既可见又不可见的世界，在这里现实与梦境并行，将我们带到更远的地方。正是因为这个原因，我很讨厌像居斯塔夫·莫罗[1]这种画家，他的绘画很难再现他的灵感气息，画中的一切都很做作、很花哨，以至于他的绘画——我想说的是他内心的秘密，真实想法——理所当然就被排除在画外了。还有超现实主义画家，尽管他们中有些人过去曾想让我加入他们的运动，但我觉得自己和他们不是一路人，他们不明白绘画不可能出现在这堆大杂烩里。在这些旧有的图像中，一切都是虚假的、做作的，因此没有这种可以产生绘画的触发器，无法一下子触及真实的生命力，那种隐蔽的、秘密的并且鲜活的生命力，如此充满活力。因为这种种原因，我和超现实主义画家之间存在着无法调和的冲突。超现实离现实并不遥远；只在于一个脆弱的片段（比如，我画过一只纤弱的蛾子振翅扑飞,一个小女孩追着它跑,免得它飞进煤气灯里丧命),绘画必须再现这种片段,这种触发点。没有什么比这更难了,需要在几个月又或许几年的时间里一丝不苟地工作、沉思、修改润饰,才能达到我们最终认为准确的样子。因此超现实主义者那些被当作艺术作品的游戏、集体造句游戏和自动写作,在我看来不是艺术,而是一种练习、一种娱乐,与绘画实践毫无关系,后者除了所需要的技艺本领外,是一种形而上的、精神性的方法,是一场真正的朝圣之行,是一次极致深刻和庄严的发现之旅。因而不能拿绘画当儿戏。所幸,一些被人们归为超现实主义者的画家在我看来并不属于这个流派。尽管达利最终没能脱离超现实主义派,他最开始的作品是如此精细,如此绚烂,而像是米罗,他则能够远离超现实主义。那份轻盈、幽默,同时还有对人间现状的嘲讽和玩世不恭的庄严感,我非常喜欢。米罗有很多创造性的作品,他画中的人物和形态呈现出人的天真、朝气和真实感,但是他所有的画不能简单地用毕加索所戏称的"圆圈"来概括:他在创作绝对抽象画之前所画的作品都是极其费心画出来的。我从中看出了这份辛劳,它对于所有绘画来说,都是必要的。

在巴黎的蓬皮杜艺术中心刚刚创立时,面对它在民众间成功的反响,我曾经非常担心。在那些爆红式的成功和盛大的民众集会中,艺术作品被当作诱饵和托词,为某项权谋提供辩白,成为蛊惑人心的宣传，我一直对此持怀疑态度。那时我还在美第奇别墅，我说，涌进美术馆的这些人群是无法看到绘画的：不可能真正与绘画相遇。对此他们回应说，经常去看画可以起到一种启蒙、教化的作用。我不太相信。于是我突发奇想，宣称最好每月只准几百人参观蓬皮杜艺术中心，并且只展览三十几件挑选出来的作品……

绘画属于一种无法预知的需求，现代社会对这种需求永远无法想象。如果我们想要进入绘画，想要抵达绘画的核心，那么必须接纳这种需求，接纳当代艺术所无法实现的这种慢节奏。毕加索在去世前夕，每周会画几十幅画，他一定是以此来缓解焦虑和苦恼，但这件事，它是另外一个问题。让我们回到乔托的慢节奏、马萨乔的精准写实、普桑的精确周详！我们要至少欣赏一下他们画作中的效果，然后才能理解这种需求！对我来说，我一直以一种冷酷与激烈相交织的激情致力于此。可以说，如果不用这种缓慢的、神秘的方式推进，那要怎么绘画呢？

因为追求精确和真实，我喜欢过阿尔贝·贾科梅蒂，他是我在绘画上的兄弟。我们一起经历了很多，并且我们对艺术的看法、我们的追求确实是相同的。我们从未在这方面产生过分歧。他那些关于人脸的作品堪称典范。它们正好出现在超现实主义时期之后。安德烈·布勒东不理解他对于精准的在意，不理解他这种做法——想要仅仅通过优美的线条，通过铅笔轻盈的笔触,触及人的秘密。这对于他来说就像是一直在尽可能贴近人,贴近人的奥秘。仅仅几笔线条就足以让一张面孔动人心弦,让一个姿势震撼人心,他成功地将那个生命——完整的生命都汇集到了画中。我也因为这些原因而喜欢过素描。尽管如今因为我的眼睛不再能看得清东西,要重新运用起素描的技法,重建起这份对于人心洞察入微的理解,对我而言很困难,但我画了很多素描,通过画素描来接近人,接近人内心的情感。那是非常考验耐心的,不过在作品完成后,我总能感到一种个人的升华,觉得自己更通人情、与他人更亲近了。这种友爱亲善的感情,相比起从油画中,我更能从素描中获得。它让我觉得更接近某种真实感。从这个意义上看,油画是一场真正的求索。是一种朝圣。

尽管我没有把自己当作天主教画家,但是我的绘画观还是受到我与基督教之间密不可分关系的影响。我一直认为,绘画是一场向着奇迹的追寻之旅,有点像是先贤前往伯利恒的黑夜之行。要跟着指路的北斗星,才能见得圣灵显现。如今这是一件很难让人理解的事情,尤其是在绘画领域,当代画家已彻底抛弃了绘画本身。观念艺术的探索、抽象绘画、革命性的审美观和空洞的理论使得肖像和风景遭到舍弃,它们被表现成华而不实的东西,是倒退的而且是从此以后不再有用的。因此千年来画家们与超凡神性之间所有的联系都消失了。所谓的现代艺术将绘画从其源头抹去了，从马格德林时期 /2/ 的洞穴画开始抹去的，那时的艺术与精神修行和神圣事物有着直接关系。所有这些都被清除一空，如今我们看到的是这一切的糟糕影响，被丢弃的战场上只剩下一堆残骸和投机的下流印迹……

人们重新谈起意大利壁画画家们 /3/ 的智慧、他们从容的耐心、对从事绘画的热爱以及对于在绘画中一定能实现美的坚定信念。

/1/ 居斯塔夫·莫罗（Gustave Moreau，1826—1898），法国象征主义画家。
/2/ 马格德林时期指西欧旧石器时代晚期。
/3/ 指马萨乔等文艺复兴早期画家。

33

意大利文艺复兴早期画家们的这份谦卑，一直促使我以他们为榜样。对于当代画家专注并崇拜的个性表达，我感到十分恼火。相反，我们需要每天都更谦逊一点，只专注于绘画实践，并且保持忘我状态。然而放眼望去，我们只能看到自我展示、个人自白、内心忏悔、自我窥视和个人宣言。我经常说，画家应该努力去解释或表达的，不是自己，而是这个世界，是世界的黑暗和秘密。这个过程中，我们或许会为自己找到一些答案，但是目的并不在此。有时候我也会为没能拥有一份轻松的职业生涯而感到些许气恼和愤恨，毕竟有些画家很快甚至太快就走上了康庄大道，而我却没有。但是我一直坚持走在这条孤独而艰难的路上。我们不能在这个世界的喧嚣和便利之中绘画并且还采用和它一样的节奏。我们更加需要努力保有更多清净和沉默，靠近过去的大师们以便能重建这个世界，不让自己被虚假言论、金钱、画廊、上流社会的规则等所哄骗住。

真正的现代性在于这种对过去的再创造，由过去、既往经验、过往的发现而找到的创新。我年轻时在卢浮宫和阿雷佐临摹普桑和皮耶罗·德拉·弗兰切斯卡的作品感到非常自由，我从未感受过如此这般的自由。他们的作品是多么具有现代性啊！在绘画的过程中，画家是不存在的，他只不过是一只手、一件工具或是一个运输传递的桥梁，他处理这作品，但并不总是知道自己要走到哪里，而是像一个中介者传递着梦境以及那些仍不为人知、难以辨认的神秘事物。

我们知道什么时候自己触碰到了那些本质的东西，也就是我们自己与想要触及的事物之间没有交汇点和接缝的时候。这是个神圣的事情，可以跟米开朗基罗的西斯廷教堂画中上帝与亚当相触的手指相比拟。

是的，绘画就在这条交界线上，就在这条边界上。要进入绘画，就需要明白画家应当抛开自己，把小我放到一边。

要听着《女人心》的颤音作画，因为其中有天才的灵感，还要始终看着库尔贝、塞尚、德拉克洛瓦和我深爱的意大利大师们画画。画家只存在于这种自我不受拘束、这种谦卑的状态下。让其他人去费心解读、努力理解、根据所有他们想要的去进行解读。画家对所有这些一无所知。他就是画画，仅此而已，他没有力图去表达。

他首先无论如何都要设法达到的是沉默。正因为如此，在我看来，任何对于绘画的语言解读都显得可笑又多余。对于那些寂静、神秘、黑暗的地方，我们所有人都竭力去探索其含义，想带回些许线索，但用什么样的语言、什么样的话能将它们描述出来呢？

34

我的童年很幸福，有父母悉心的呵护和照顾，还能经常接触那些出众的人物、诗人和艺术家，这对我成为画家的一生产生了很大影响。要想绘画，必须要有单纯而充满柔情的目光，事实上，一切都来源于此，来源于这份目光。我很幸运，能在一个极有教养和品位的环境中长大。我父亲埃里奇·克洛索夫斯基是个知识渊博的艺术品收藏家、艺术史学家、画家和富有经验的批评家。他的朋友包括著名的艺术品商人和探访者，例如威廉·乌德,后者让亨利·卢梭以及毕加索名噪一时。我很清楚地记得5岁那年和父母一起去普罗旺斯,谈话中反复出现一个名字——塞尚,我记住了这个名字,并且再也没有忘记过。塞尚……这个词念起来像一个咒语,像一句通关暗号,像一条魔法口令。理所当然地,当我长大之后见到他的绘画,我立刻发现他的画是如此新颖,并且具有触及事物秘密的能力,无论画的是苹果还是风景。

家中的艺术氛围激励着我从很小的时候就去画画。

看着我母亲在画如此迷人的速写和如此细腻的水彩画,这也影响了我的决心,影响了我的倾向。这种决心由于里尔克的出现而变得更加坚定,我母亲1917年离开了父亲,而后她和里尔克住到了一起。他们是在1919年遇见的,从那时起,里尔克就很关注我。里尔克的建议和关照,我都接受,尽管我很想念父亲,尽管有时我会怨恨母亲,也会对里尔克的出现感到嫉妒。自从宣战以后,我们的生活就很艰难。被迫离开巴黎,在柏林朝不保夕地生活,所有家当都被没收,父亲被当局认定为波兰反动分子受到严密监视,然后我父母分手。我跟着母亲和哥哥一起去到伯尔尼和日内瓦,之后在1921年返回柏林……

在这段颠沛流离的日子里,我过着贫困的生活,而我知道,最大的财富在于对艺术的学习,在于靠近我所发现的那些大师们,古希腊罗马作家、但丁、王维，以及那些我所见过的现代大师们。他们之间那种一脉相承的传袭关系让我感受到莫大的归属感，而我在学习他们所传承的精神，追随他们的脚步。正是这样，慢慢地我开始画素描和油画，开始写这部中国小说，在写的过程中，我向里尔克请教了很多问题。

里尔克有着毫不做作的天真、儿童般的目光，他的诗歌坦诚直率，他的思想精炼考究，这些特点在我选择志向时提供了帮助。他坚信绘画是我该走的路，是真理之路。

我给走丢的猫咪"米簇"画过40幅画，里尔克为此作了序言，那是我第一次走进绘画的世界。我的这位教父并不是个无足轻重的诗人……

35

回顾我年少时的种种神妙体验，在瑞士贝阿滕贝格的所见所感，无疑是其中之一。贝阿滕贝格在图恩湖的北边，每年我们都去那里消夏。我那时身体比较弱，而瑞士向来有着能让病弱人士恢复健康的美名。对我来说，贝阿滕贝格有着壮美而广袤的风景，有着令我一直尤为喜爱的群山，有着某种清净孤独的感觉，尽管那里是有人居住的。在这里，我觉得精神更为振奋，全身流淌着更为自然、更为精纯的力量，更强的精力。

我们在城市里见到的乌烟瘴气的氛围无法在这里落脚，反而会被彻底驱散。在我真正成为画家之前，这壮美的环境，让我生发出最早的身为画家的情感，在明亮的光线中，想到一切能够存续，不会遭遇我们世上的不测与破坏。

里尔克也过来和我们一起住，他认真地培养我的感受力，并给过我一本中国宋朝绘画的画册。这本书让我感受到无论是东方还是西方，无论是阿尔卑斯山还是中国古代那些朴素而险峻的山峰，一切都是相同的。在这种光线下，在这些普遍通用的透视之中，一切都汇合交融，没有年代也没有历史的坐标，一切都来源于世界古老的宝库，来自全人类共同的历史。这样一来，风景便联通到精神层面，联通到全世界的永恒性：对于这一点，尽管当时年纪还小，但我可以凭直觉感受到它的意义。在贝阿滕贝格的生活非常简单，是一种真正的田园生活，做真正的农民，住真正的木屋，而正是这种远离上流社会规程的日常生活，让我对民间艺术之类的事物产生了真正的热情。当我们住在大木屋时，我们很幸运地保留下一些家具用品，这件陶瓷暖炉可能曾经温暖过歌德或雨果，而咯吱作响的木隔板让我们联想到大自然，想到乡村的住所。后者没有改变，没有向混凝土建筑看齐，而是对抗着大胆冒进的现代性。

或许我就是在这里养成了这种性格，人们说我神秘、孤僻而且不善交往。我喜欢保持某种神秘，这从来不是为了让我自己显得重要或者为了吸引画廊和收藏家，而是只有离群索居才是唯一一条通向艺术奥秘的路。因而我感觉自己跟沃州山区的农民要比跟职业画家更亲近。我喜欢这里质朴土气的家具，它们反而是雅致的，并且尤为真实。正因为如此，我总是痴迷于民间的图像，在这些二流装饰艺术中，我们能体会到艺术工匠的真情实感。我总是会怀疑那些虚情假意、矫揉造作和装腔作势的表现。我们永远不可能在这种状态下绘画。

我喜欢离群索居，这并不是对逃避的渴望，不是对世界和世人的蔑视，也不是过激的孤独。重视禁欲苦修是为了了解他人，为了解开谜团。身处尘世间就有可能将这些秘密稀释掉，可能永远也无法对其有所了解。实际上，我所在的地方总是通往内心深处的驿站：因为无论是在封建古堡还是在修道院的禁区里，都需要在看见世界的同时躲开世界，需要既在场又不在场，时刻准备好迎接秘密的出现。

侯昂庭院位于巴黎奥德翁街区的圣-安德烈商业断头巷里，它必然解决了这道在我生活中必不可少的几何难题，我的画室兼卧室很安静，同时给我庇护，让我远离轻易的诱惑，巩固自我，由此我可以实现我所预见的事情。正是因为如此，1954年，我还需要更多的沉默与孤独。1962年到1963年间，那时节子还没有进入我的生活，我和侄女弗雷德里克一起生活，我们在莫尔旺地区，更确切地说是在沙西，租了一间筑有围栏的农场。约讷省这片地方拥有金灿灿的阳光，我在这样的光线中一心一意地画素描、画风景画，感受着这种明显的隐居生活带来的快乐。在这里我或许找回了自己身上这份古老的天性，并且我愿意去培养它：沙西或者蒙特卡维罗那些古老建筑的力量对于我的选择不无影响。

在沙西，光照是首先吸引到我的，如果用我朋友让·包兰[1]的话来说，应该是"让我投注了全部的注意力"，因为清晨或黄昏照亮这片广袤风景的光线让我想象到创世之初或天国荣光的那种壮观的光辉，这种平静和安宁让我同时感觉到某种悬念和担忧。在这种堪比中国山水风景画的宁静安详中，我也找到了里尔克所说的那个著名的"啪嗒"时刻。

因此，在我创作的风景画中，我全心投入地捕捉着这种独特而迷人的光线。从我所画的《大风景》(*Les Grands Paysages*)系列中都能"读出"这种明显的永恒性，它来自内部强烈而激动的能量，来自这种影影绰绰的光线，来自我在贝拉斯克斯和伦勃朗的画中也会见到的这种金褐色。我非常关注清晨和黄昏迷离的轻雾，关注如丝绒般色彩灰暗的田野,关注光线穿过篱笆投下的三角形阴影。那时候我还细看过年轻女孩的背影,她们透过窗户望着大自然极致的永恒,仿佛那是上天的恩赐。我还探索了用各种各样的方式画人脸,想用铅笔去触及令我心驰神往的神秘感。弗雷德里克很配合我,让我用她少女的面孔进行这场无尽的探索。

但是就像那个诗人说的一样,一无所获。除了风景画和肖像画,我还需要穿透更深的黑暗。去发现其他的秘密,记录下其他的现实,那些超现实的、从梦境和"仙境"中获得的现实。

/1/ 让·包兰(Jean Paulhan, 1884—1968),法国作家、文学评论家,法兰西学院院士。

或许是因为我很早就通晓了类比的世界、熟悉了边界的通道并且对过去的痕迹怀有好奇,所以我能够如此自如地在东西方之间冒险探索。在我看来,比热/1/和莫尔旺,湖滨高地区和蒙特卡维罗,都是一样的,它们保留着过渡的通路,保存着将它们联系到一起的神秘交流。为什么我们住的这座大木屋会带有中国的道观的样子?为什么在这里我们立刻就有了到家的感觉?我从儿时起就知道身边有其他的世界在游走着，梦会钻过神秘的通道，带人看到未知的世界，或是让人对此产生希冀，梦让人感受到的世界是在那宁静的风景、平淡规律的日子、稳定柔和的光线中甚至无法想象的。

"可这是具象画啊！"一些观众大步流星地逛着皮埃尔画廊，一边说道。那是1943年，当时我在巴黎举办了首次展览。事实上，我从来没画过所谓的具象画。恰恰相反，重要的一直是画出气候和季节的奥秘，不是描绘它们，而是在极短的时间内瞥见它们在结实厚重和透明的表象下所承载的东西。对于表现人物、我当时所能描绘的那些"场景"也是一样，例如《飞蛾》(La Phalène)、《小睡》(La Sieste)、《咖啡杯》(La Tasse de café)。我从来没有想过用弗洛伊德的方式来解读我画的奇特或怪异的场景（我对精神分析法怀有极大的不信任）：我想画的不是梦境，而是做梦的少女和穿透她的事物。

所以是那份"穿越"而不是梦境。

超现实主义画家尝试过这种方法。就我所见，他们曾经做过解释、翻译、阐述。不过这么一来，他们把昆虫的轻盈都变得沉重了，那只飞蛾不可避免地飞向了煤油灯金灿灿的光晕……

对于我所画的沉思少女、半梦半醒中的天使、慵懒少女的梦境，我只是作为一旁的见证者发现这些梦，我非常低调小心，不希望我的出现使画面变得沉重。在某种程度上，我间接地与绘画对象拉开了距离,我能够理解另一种视角,在这另一种氛围中,我的小天使们投身其中,渐渐淡去。

但是画家不能粗暴地断言什么是这种"穿越",只有绘画技术可以带来这种拉开距离的效果,这种诗意的疏离感。锡耶纳的大师们给了我很大帮助。我记得他们的壁画,那些壁画是在未经打磨的粗糙墙面上绘制的,色调柔和、暗淡,庞贝城壁画上的绿色,还有赭石色和深玫瑰色,这些在我看来是时间的颜色。

我在年少游学时发现的意大利壁画画家,他们所使用的石膏粉是最好的颜料,我会加入一些酪蛋白来实现颜色的过渡。要记得古代人手工完成的作品,要记得那些仪式般的准备活动,它们能够制造出这种悬念、惊喜等待、最终战胜时间的效果。

战胜时间:或许这难道不是对艺术最好的定义吗?

/1/ 比热位于法国安省,邻近巴尔蒂斯退役后暂住过的萨瓦省。

38

服役期间，我随身带着几本亨利·米肖[1]的书，经常翻阅。这很能说明我本人的关注点和诗意追求。米肖的诗歌和文本是镜面映像的穿越，《不安分的夜》(La nuit remue)和《布鲁历险记》(Les Aventures de M. Plume)，同样对过渡的渴望，同样的想象之旅。在沙西的时光让我完全读懂领会了米肖的作品。这里不仅有对风景的渴望、对永恒景致的向往，还有对跨越空间和时间的狂热追求，想要跟着天使飞入梦的现实世界。触及人与事物不为人知的活动。

其实我从未想过要经常接触梦境。我是不得不这样做。不过或许这件事由来已久，从我母亲注意到可以将它写下来或说给想听的人时就已经开始了，这种状态是为了保持距离，为了"待在一边"，为了留在边界处，这些来回的穿梭可以让人一下子走得更远。

我试着通过绘画来实践米肖在文章中以及在其之后的水墨画里尝试去做的事情。我努力运用"色彩"这种实在的手段，描摹梦境的空间，让纤弱色彩上的光趋近透明。通过表现出人物游移的状态让画面更加富于感性，让他们柔软到仿佛是没有实体的存在。让画面可以再现出做梦的女孩所感受到的、不为人知的内心震颤。我一直说画家的努力是至关重要的，在当时要表现出这些状态，绘画技巧和努力是必不可少的。我们需要既能通过石膏粉灰暗的色调感受到时间的流逝，又能感受到生命的流动，感受到全身流淌的气血。时间以及时间的颤动。米肖会说是帘幕另一边的内心空间……

对于画面上所表达的东西,没有什么好解释的。总之,没什么可说的。况且绘画可以自己独立存在。无需依靠秘籍或词典来解读。梦是白天所经历事情的延续。在画室之中。它们进入到现实的绘画中,让人感受到古怪和不安。不必借助任何的分析解读。

/1/ 亨利·米肖(Henri Michaux, 1899—1984),法国诗人、画家。

39

我一直感觉在适度静止的大自然背后,在人类行为举止的背后有这种隐秘而阴暗的复杂性,它呼唤着所有艺术家,让他们进入森林深处和深渊的尽头。这种神秘莫测的结构赋予艺术迷人的力量。1933年,我还是个年轻人,我用钢笔和水墨为《呼啸山庄》画了16幅插画,该书的作者艾米莉·勃朗特令我非常钦佩。她在书中掀起的浪漫主义激情,书中人物激烈的性格,都持续地为我带来灵感。我不知道我是否通过主人公希斯克利夫的形象表现出了我自己,但是如今看着这些插画,从中我又看到了自己过去的反叛精神（如今已经被平息了），以及我身上曾经带有的凶狠暴力。画家无论如何画的都只是自己，只是他自己的、不为人知的故事，否则就只有绘画技能和技巧了。我在拉尚和尚普罗旺的风景中所察觉到并努力描绘的那种辉煌的美好不应该掩盖风景的反面，我想说的是它们背后必然隐藏着的焦虑不安。普桑的画作完美的布局令我欣喜不已，它们也不例外地表现出这种心绪不宁的感觉。

没错，在想入非非的青年时代，我肯定迷恋过希斯克利夫。我的想法是艺术家不能完全投入到尘世中，他会在此历经一场有益的放逐，他每次尝试通过绘画来表现尘世都会被引向更大的挑战，都会融入自己创作的作品中，化为作品的一部分：库尔贝笔下摇曳而丝滑的女性肌肤，博纳尔笔下灌木丛摇晃的枝叶和饱满多汁的水果，夏尔丹笔下的孩子……但是在这些肖像和静物的背后，有多少内心的震颤，有多少怀疑和威胁在侵害着他们的生活，而他们一定要将它们再现并传达出来！

因此画家的工作是缓慢的、慎重的。在画室里，我经常面对着画布一边沉思一边抽上几根烟，甚至还会将手放到画布上，就像是去抚摸它一样。这也是绘画工作，也许会花上一整天。我是与正在画的作品相接触、相结合。我们需要与作品建立这种亲密感，这与当今世界四处盛行的急迫仓促感完全不同，后者加剧了对于时间可悲的压榨。

40

在罗西涅尔生活让我有幸得以找回时间、赢得时间并且掌控住时间。多亏有我的夫人节子，我才能在这么老的年纪，还能获得这份从容泰然。她知道如何让度过的日子都变得美好、平静而祥和。我尤其喜欢冬天的晚上，我们吃过晚餐，坐到书房里，那里放了一台大电视机。我们用它放电影，偌大的房子会忽然充满立体声响。我尤其爱看动作片和探险片，还有美国西部片以及歌剧。那些电影演员是我的朋友，他们常来大木屋这里找我，比如理查·基尔[1]，我很欣赏他的摄影作品，他拍摄的西藏寺院照片很不错；还有托尼·柯蒂斯[2]、莎朗·斯通以及我很要好的朋友菲利浦·诺瓦雷[3]。电影和我的绘画截然不同，电影的画面飞快闪过，技术手段层出不穷，而我的绘画则力图捕捉事物背后的张力以及人们内心的激烈状态，让飞速流逝的时间停下脚步。然而，绘画和电影在深入探索和阐释世界上是相通的。

这一点上费里尼是个特例，我和他在罗马和罗西涅尔有过很多次合作。我们相处得很融洽，因为我们两个拥有相同的追求、相同的渴望，他通过动态的画面，我通过绘画，而静止的绘画会令人悸动和不安，最终显得变化无常，而他使用无限多的图像，想要定格住人类最隐秘的东西。我们两个人都想穿越，跨越，然后又说回那个词，抵达彼岸。

/1/ 理查·基尔（Richard Gere, 1949— ），美国影视演员，代表作有《军官与绅士》《芝加哥》等。1982年起，他开始研究西藏佛学，80年代后期，他花了很多时间去亚洲考察。

/2/ 托尼·柯蒂斯（Tony Curtis, 1925—2010），老牌好莱坞演员，曾与玛丽莲·梦露合演《热情如火》。

/3/ 菲利浦·诺瓦雷（Philippe Noiret, 1930—2006），法国演员。

41

我和费里尼的这种灵魂上的亲近感是在我居住在罗马美第奇别墅期间建立起来的。我记得我们在别墅花园散步的时候，我们所处的地方似乎超越了时间，而在它的周围，整个罗马在变动、身处永恒之物之间，而外面，罗马在发生变化，动荡不安，似乎在现代生活裹挟下开启了一场巨变。我们谈天说地，享受着美第奇别墅中所保留的平静，这份宁静，这种时间、历史和传统的沉淀，如果没有这些，那么一切对我们来说就都没有了意义。我第一次带费里尼进到我的画室——那是一栋位于花园深处的建筑，当时有三幅画在创作中。我总是同时画好几幅画，我喜欢不停地在这里加一道线，在那里上一点新色彩，我会在这些画前面沉思幻想。绘画就是这样推进的：通过我们与它的这种持续交流，通过这种对话。私密的、悄声的对话。

在一幅画中,一个年轻的女孩正在读书,在另外两幅画中,日本女子在倾身照着镜子。我后来给它们分别取名为《读书的卡提娅》(Katia lisant)、《日本女子与黑镜子》(Japonaise au miroir noir)和《红桌旁的日本女子》(Japonaise à la table rouge)。当时费里尼并没有说什么,不过后来他告诉我,他认为这些画是由我"发掘出来,得以重见天日"的"古人遗迹"。我很高兴他能这样说。我的确是在描绘光线,努力再现年轻的我在意大利游学时所见到的那种石灰粉的丝绸质感,想要通过这种方式实现什么,因此听到他的话我非常开心。是的,这就是我在探索中应该达到的,要重新找回一些东西。

我是抱着这种观点来进行美第奇别墅的修缮工作的。一切都褪色了,不是因为被废弃了,而是因为用旧了,这种时间的颜色会让一切都相形见绌。我有几位罗马工匠,他们差不多天生就掌握这种古老的石膏颜料技法,而我自己也上手了。我们着手修复别墅的展厅,努力让作品重新获得自己的地位,除了这种突出的时间的颜色,别的什么装饰元素都不要,在这种深暗的又难以形容的颜色衬托之下,布拉克和柯罗的作品可以重新显示出各自的强烈冲击力,它们同样来自时间深渊的秘密,带来令人头晕目眩的震颤。我知道光照、"深邃的镜子"——就像波德莱尔所说的那样,被镜子映照的蜡烛为这些墙壁带来了生气,并且我知道尽管没有人强迫我做这件事,但它是具有创造性的,是个人在精神上的前进,面对世界的巨大奥秘。美好的世界即将到来。

42

我和美第奇别墅的住客以及工匠师傅们一起度过了一些愉快、热火朝天的日子,对于接手的任务来说,这些日子本身即是最好的补偿。我很愉快地应下了安德烈·马尔罗提出的挑战[1]。别墅只是在沉睡,而不是真的衰败了,只不过某种消沉和疲惫的感觉让它无法重现过往的华丽光辉。我怀着热情全力展开修缮工作,并且还得到了节子的支持协助,同时迎接和招待客人们。馆藏的档案为我们提供了宝贵的帮助,我们找到了旧时花园的平面图,一些隐藏的建筑结构被我们发现并得以重见天日,还有一些完好无损的壁画,上面画着鸟笼中的鸟,各种各样的动物在嬉戏,结束了它们漫长的黑夜。我在粉刷墙壁时所制造的起伏节奏,让题名装饰框、标志、徽章、条形花饰更为突出。来自马焦雷圣母大教堂的那块方尖碑立在花园正中心,它证明所有那些见不到的古老雕刻都是曾经存在过的。我们用树脂材料和天然粉剂材料制作了另一个可以说是一模一样的方尖碑。我还记得方尖碑在林子中央立起来的时候。别墅里的所有住客都开心极了，而我的内心感受到极大的幸福，曾经我们没有将这段历史放在心上，忘记了过往，但是作为责任人和继承者，如今我们为它重新赋予了生命！

我渴望"倒退"，渴望保留传统以便进一步革新和创新，这份渴望与我的童年经历不无关系。我成长环境中的人们保有着这份对于过往历史的欣赏，他们愿意尊重历史，以便更好地向前发展。我们并不是要从头开始重建世界，而是要读懂它、理解它，运用前人留下的无尽遗产，换一种方式来建构它。

/1/ 巴尔蒂斯被时任法国文化部部长的安德烈·马尔罗任命为罗马法兰西学院院长，入主美第奇别墅。

从皮耶罗·德拉·弗兰切斯卡那里，我学到很多：如何使用画布上的空间，如何切割空间，如何安排对角线，让整体布局井井有条。他的作品一直在推进这种秩序感，因而我觉得他的所有作品都是向着完美努力的一步步成绩。仿照这位大师的样子，我也凭借自己的办法和我特有的这股执拗劲儿不断地在一些作品中变换多样的视角,就像巴赫所做的那样,不断回到同一个主题,对其删减、拉长、高度提炼。塞尚也是反复画圣维克多山,直到它成为风景画中的框架和线索。他也用这同样的方式画苹果。从写实的苹果变成了圆圈、球体、要素、线条,但它们表现出了苹果所有的力量,表现出苹果全部鲜活的汁液。

我在绘画中反复画同样的事物不应被看作是神经质或病态的强迫症。在我看来,再没有比简单地相信绘画是画家幻想的投射更大错特错的事,再没有比将绘画想成是倾泻焦虑苦恼和梦中意象的手段更小看绘画的行为。不过大多数超现实主义画家都如此声称,并且坚信不疑。

我的《三姐妹》(*Trois Sœurs*)组画以及《照镜子的猫》(*Chats au miroir*)所需的要求说来复杂,但又很简单。重复处理一个主题是回应内心追求精准的需求,是为了让我的不满足成为台阶、通道或是跳板以便更好地触及作品的奥秘,触及那些看不见而画作想要表达的东西,后者必然是我所不知道的,而我只是它的工具。这就是为什么说绘画需要抛开自我,绝对不能大张旗鼓地一直显示自己,绘画需要努力,再努力。

44

我宣扬的这种严格的要求,这种应该引领画家的内心力量,经常遭到误解。人们抱怨它反动,抗议它落后过时,他们不知道唯有劳动——我得说是辛劳,还有坚持,才能保证作品的真实性。我一直公开主张这一信念,即使是在侯昂庭院的贫困时期也是如此。

当蓬皮杜艺术中心建成,人们很高兴看见每天有成千上万参观者鱼贯而入,而我肯定属于少数几个并不认为该为此而高兴的人。但是这种保留意见却被看作自命清高或者目中无人。事实当然不是这样的。玛格丽特·杜拉斯曾受邀来美第奇别墅住了一个星期,我与她谈及这个话题,搞得相当不愉快。她主张艺术应该是革命性的,向所有人敞开,下到民间街头。我跟她说的完全相反,我甚至有点挑衅地反驳说,我认为蓬皮杜艺术中心最好每个月开放给三十来位观众参观,这样最终他们才能有充足的时间与作品进行真正的对话。艺术中心络绎不绝的人流和嘈杂声让我感到很讨厌,艺术作品需要安静与内心的和谐,而这些与之完全相反。杜拉斯完全不赞同我的话,并且大发雷霆,我认为她没有在美第奇别墅过夜,把她的房间让给了她儿子,那可不是一般的房间,而是红衣主教曾经住的地方……

这桩逸事能多少说明一点我前文所说的情况:如今,人们无视数千年来沉默与劳动的作用——与隐形力量,也就是神圣力量,进行秘密而深刻的对话,无视画布上可见的来自遥远而古老之处的重新建构。我只能看到取而代之的是自我炫耀和嘈杂的喧闹声,把自发的无意识冲动当作灵感,让所有人都以为自己可以作画,因为艺术的大众化普及,艺术家变得庸俗普通,无知且自大的艺术家自以为是造物主,如果我没理解错的话,这些人以上帝自居……

45

这就是为什么艺术家不该成为讲故事的人。逸闻趣事不该出现在画作中。一幅画、一个主题给人留下深刻印象,唯有它们本身知道这其中所有的深意、所有的沉醉与狂热。画里没有发生什么,画就只是存在而已,它要么是必然的存在,要么完全不存在,是波德莱尔说的:一首诗在它被写下之前就存在了,否则它就成了带有叙事性的、艺术家故意为之的、变了样的产物。一幅画、一首诗不能当作这种偶然事件,它们极其自主独立,它们自带激烈的力量,无需任何凭借。从这个意义上说,艺术家不过是历时久远的锁链上的一环,它可以追溯到拉斯科洞窟壁画[1]时期,甚至更早。夏尔丹的作品并不比拉斯科壁画更高级,两者之间没有高下之分。所有创作者前赴后继的创作都属于同一首歌,是关于世界、关于世界上数千年来精神资源宝库的歌,我对此一无所知,但是它向我传来些许消息,带给我些许光亮或星光。艺术家会毫不停歇地努力,直到重新发现照亮他们的火源,发现那个冒着火星的炉膛。莫扎特明白这个道理,他从这个秘密的宝库中抽取出如此流畅的乐章,他拥有天赋将这些带到世人面前,让我们得以听到。正因为如此,我听莫扎特的乐曲很虔诚,带着近乎宗教的愉快和狂喜。听莫扎特就像在祈祷一样,这还因为他的歌曲能够捕捉到世界内在的振动。在绘画上,画家也拥有同样的天赋,同样对于和谐的追求。风景以及孩子们有时能体现出这种奇迹般的状态,他们是我的绘画对象:孩子粉扑扑的脸蛋、霜降前便从树上落下的表皮粗糙的木瓜。还要再一次想起波德莱尔的比喻:"有香氛鲜嫩如儿童的肌肤/甜柔如双簧管吹出音符,新翠如草地……" [2]

---

[1] 拉斯科洞窟壁画为著名的旧石器时代洞穴壁画。

[2] 出自波德莱尔的十四行诗《契合》(此句翻译取自译者张秋红的版本。《恶之花》,张秋红译,江西人民出版社,2016年)。

46

1965年,我在伦敦泰特美术馆举办了作品回顾展,艺术批评家琼·罗塞尔曾经让我向他提供一些生平细节,以便充实他为展览所写的相关介绍性文字,我给发了封简短的电报:"不妨这样开头:我们对画家巴尔蒂斯一无所知。现在我们可以观看他的画作。"

对我而言这不是风趣玩笑,更不是卖乖。我一直认为画家唯一长期有效、最有意义并且到头来最可靠的语言必然是他的画作。他花那么长时间画画,与画作之间心意相通,仅画作本身就能比任何话语表达出更多东西。尽管如今我决定像蒙田一样将一些回忆以简短的散文形式记录下来,但是这些短文并不是当作遗嘱来写的,而是因为我到了迟暮之年,感觉有必要记录下生命中的某些时刻,这些时刻影响了我人生的重要节点,伴随了我一生。我的人生是一场漫长的艰苦劳动,而我毫无怨言。相反,我与绘画的这份亲近感,与绘画之间持续进行的对话取代了所有世俗的荣誉——据说,如今我也获得了一些荣誉。不过说实话,我不太在乎这种认可。对我来说,只要回到画室热情洋溢的环境,走过画室与木屋之间的小路,继续完成画作,我就能感受到无法言说的幸福,这是任何画家在面对自己画作的时候都应该感受到的。从某种意义上说,这是如苦修一般的工作,严守规律的生活如同雷打不动的昼夜交替,如同每年冬天会落下的雪,如同飘起的第一拨飞絮,或是如同春天群山上一夜间铺满的绿意。无论是住在侯昂庭院,还是在尚普罗旺,或是在沙西,都没有实际的区别。只剩下固执的,甚至是执拗的坚持,忠于绘画工作最终不再是一种选择,而是与自我融为一体的、深入骨髓的、命中注定的东西。

47

我曾是个喜欢读书的画家。如今视力不好,我无法再享受与书籍之间这种耐心的对话,我会让刘医生或者节子朗读一些给我听。电视和音乐逐渐地取代了我与文本之间这种持续不断的接触。我经常画正在阅读的少女。这是因为我很肯定地把阅读行为视为最能深入探索生命秘密的方式。阅读可以带我们领略神话传说。我经常阅读格林、格拉克[1]、夏尔、儒弗、米肖和阿尔托的作品,还有《圣经》中和教徒所写的重要经文,但丁、里尔克、七星诗社的诗人、中国大师以及像圣十字若望和圣女大德兰[2]这样的神秘主义者,还不能不提卡罗尔、路德维希·蒂克[3]——纯粹的浪漫主义德国诗人,以及那些印度史诗……所有这些文字、所有这些作者都在我的人生路上打下印迹,让我从另一个维度感受时间,从很小的时候起,我就向往着这种体验。我所画的那些正在读书的少女《卡提娅》《弗雷德里克》以及《三姐妹》，她们表现出一副陷入沉思的姿态，逃离了转瞬即逝又可以让人身心俱老的时光。将她们读书或沉思的动作定格下来，关键在于让这一晃而过的、奇妙的、神奇的特殊时光得以悬宕，帘幕忽然拉开，照进另一束光线，现出另一扇窗户，这样的场景，只有懂得如何看的人才能看见。所以说，书籍是一把能够打开神秘箱子的钥匙，带着童年的朦胧记忆，我们跑去将它打开，就像追逐蝴蝶的孩子或者追逐飞蛾的少女。那些沉思中的少女在定格的时间里微笑着见到的，是未曾经历过世事变迁的金光闪闪的时光，是笼罩着神奇光晕的时光。这是名副其实的超现实时间，而不是超现实主义画家画的那种所谓的超现实。

卡提娅读的是哪本书？我不知道，我甚至不需要费心去知晓。我只知道在读这本书的时候，她专注的目光似乎将她带到奇特古怪的世界，那里表面光滑的墙面上涂着"乌有色"，就像霍夫曼在某篇小说里所写的那样。

这就是为什么，尽管不再像从前那样贪婪地读书，我还是喜欢捧一本书在手上；书的形状、材质代表着诱惑的召唤和激动的冲劲。

/1/ 朱利安·格拉克（Julien Gracq, 1910—2007），法国作家，作品内容怪异，意象奇特。

/2/ 圣女大德兰（Thérèse d'Avila，1515—1582），西班牙神秘主义者，她是加尔默罗会的改革者，人们认为她与圣十字若望一起创建了赤足加尔默罗会。

/3/ 路德维希·蒂克（Ludwig Tieck，1773—1853），德国诗人、作家和评论家，是18世纪末19世纪初浪漫主义运动的元勋之一。

48

因而我对拥有古怪奇特想象的文字怀有兴趣，这些文字的想象力能够更好地感知到那令人无比垂涎的"奇境"。或许这份兴趣源于我的苏格兰血统，据说我的一位女性先祖与拜伦勋爵有着联系。或许我是从她那里，从那位英国大诗人传递给她的影响中，继承来这份对于扭曲的时间，对于中间状态或全然未知的状态，对于超脱尘世的环境气氛的喜爱？对我来说显然是刘易斯·卡罗尔凭借他的爱丽丝让我得以切实感受到童年幻想的魔力。我很清楚，在他拍摄的模特照片和他的书中包含着所有孩童真实的天性，这种天性是内心从未经历过的，是被秘密留存起来的，是极其单纯的，从某种意义上说是原初的，天使的灵魂。很早以前，我就听到了这童年的召唤，我给《呼啸山庄》画的插画还可以作证。不只是卡罗尔，还有威廉·布莱克 [1]，他的绘画和诗歌中充满了神秘主义色彩，这是创造性和想象力的源泉。经常盛行的观点是艺术家必须从无生有,安格尔 /2/ 本人曾告诉他的学生,太多知识会毁掉绘画。我倒是认为应该像文艺复兴时期的诗人那样,倚仗古代的知识,依赖有着承袭关系的传统,并由此出发,创造出新的形式。我们所构想的这种饥渴状态带来了很多的东西。我曾离开佛罗伦萨圣十字广场的屋顶小房间,在打完零工(额外的谋生手段)后赶到卡尔米内(Carminé)教堂进入有马萨乔绘画的小礼拜堂,如果没有这些朝圣之旅,那我会变成什么样呢?如果我没有在卡斯蒂廖内洛纳 /3/ 欣赏马索里诺,没有在阿雷佐的圣方济各大教堂临摹皮耶罗·德拉·弗兰切斯卡的壁画,没有在波尔戈的圣塞泊勒克洛教堂(San Sepolcro)努力去理解皮耶罗的《基督复活像》(*La Résurrection*)中精妙的几何布局,没有在锡耶纳花许多个下午观看西蒙涅·马尔蒂尼 /4/ 的画作,那么我会是什么样呢?我在普桑、柯罗 /5/、库尔贝和塞尚这些画家身上也发现了与我看中的那些托斯卡纳大师同样艰苦的工作、同样生动的构图,要是我没有停下来好好观看他们的画作呢?

/1/ 威廉·布莱克(William Blake,1757—1827),英国第一位重要的浪漫主义诗人,版画家,虔诚的基督教教徒。主要诗作有《纯真之歌》等。

/2/ 让-奥古斯特-多米尼克·安格尔(Jean-

Auguste-Dominiques Ingres，1780—1867），法国新古典主义画家，代表作品有《泉》。

/3/ 卡斯蒂廖内洛纳（Castiglione d'Olona），意大利瓦雷泽省的一个市镇。

/4/ 西蒙涅·马尔蒂尼（Simone Martini，1284—1344），文艺复兴早期意大利画家。

/5/ 让-巴蒂斯-卡米耶·柯罗（Jean-Baptiste-Camille Corot，1796—1875），法国19世纪举足轻重的风景画家。

49

在我搬来瑞士之前的许多年里，我既不是在漂泊也不是在流亡（我想到的是我在巴黎、沙西和罗马的旅居），而是经历了成果丰硕的朝圣之路的各个阶段，而如今我之所以住在瑞士，是因为我和这片土地有着看不见又极为微妙的情感纽带。在我童年和少年时代，贝阿滕贝格便是我父母的度假地，母亲独居之后，也会来这里度假。这片地方是我最初的绘画题材，它让我意识到山中的精神情感，高山的情感。沃州山间仍旧保留着的乡间纯朴的生活方式，这很适合我，我感觉很投契，是某种联系的纽带。瑞士的山让我联想到童年，那时我们到图恩湖畔或尼德峰徒步旅行，陡峭的冰斗和山坡上历经千年的岩石，显示出它们在时间长河中的断层以及看似静止的运动。这些风景对我有启示意义，它们是坚实的根基，构建出被我称为我的私密几何布局或内心神话的东西。我记住了这个宏伟的观景台并在后来画了《山》(La Montagne)，我想那应该是在1935年。我在画中描绘了七个人，是依照我认识的人画的，他们对我而言是很熟悉的，印在了我的记忆中：站在深坑旁边的好奇的游客，金光灿灿的峡谷上的少女，一些儿时好友，其中一位死于阑尾炎，另一位是牧羊人，穿着鲜红背心，袖子膨起，还有一个背影，无疑是画家本人，他独自行走，把他的人物留在身后。我还记得这幅画是历经缓慢而艰难的努力才画出来的。我画它用了两年时间，并且得益于贾科梅蒂和德朗的建议，他们轮流评议了这幅画的主题，给出了各自的意见。我们就别假谦虚了：阿尔贝非常喜欢这幅画的构图以及岩石的布局；他觉得这幅画是对某项弗洛伊德理论的演绎，这让我不禁莞尔，因为我知道我画的《山》就是山真实的样子，到如今它也还应该是这样的，有羊群在山谷中走出一条狭长的路，地面上覆盖着绿色的苔藓，倾斜的阴影衬托出白亮的岩石，这些沟壑和蜿蜒起伏的山势反映出神秘而剧烈的地质运动。德朗必然是出于对我的友情以及一直以来对我抱有的好感，将画中的岩石和乔托在帕多瓦的壁画上画过的岩石相提并论。

我至今保留着这种大山的直觉，保留着它教给我并让我理解的东西。难道不正是在这里，我读着中国大师的作品，忽然顿悟，相信无论是东方还是西方，一切都是一个整体？尼德峰带有斑点的岩壁不像是中国宋代山峰的姊妹吗?

万物相聚融合。只有这种广阔无边的世界之美,需要在其生机盎然、容光熠熠之际,捕捉下来。

50

我又回到写自传的困难上,这部回忆录需要我记述自己,我想到曾经的朋友米歇尔·雷里斯[1],他知道这样一项计划是不可能的。我的哥哥皮埃尔·克洛索夫斯基曾称之为"谜",它是永远无法被说出的,那么要怎么做到呢?"它是每个人身上无法交换的底色。"他说。某种不属于社会标准规范的东西,无法被社会规范同化,它让自我变得特别,变得独一无二。甚至自己也没有希望触及这令人眩晕的底色,埃克哈特——他的作品是我的枕边读物之一——甚至称其为"深不见底"。这就是为什么比方说我完全否认许多批评家和观众习惯性对我的画作所进行的色情解读。我的油画和素描作品中有大量脱下衣服的少女,但是我能够完成这些作品,并不是将其视作色情意象,我不是窥视者,也没有在不知不觉(特别是不知不觉)中展现不可告人的古怪嗜好,我是将其视作深刻的、偶然的、无法预测也无法解释的现实,它最终能够释放出自己并揭示出它本身作为神话传说的虚构存在,一个公开展示内在结构的梦的世界。

所以别到《梦中的泰蕾兹》(Thérèse rêvant)和《房间》(La Chambre)里去看肉体和性欲淫荡交合的色情映像、色情动作,而应看到那需要被展现和捕捉到的某种东西,它难以把握、难以捉摸——只能用这样的词来形容它,但它振动、引起回响,加入到加缪所说的"世界的心跳"中。

这种陌生的、被排斥的话语,我要让它们重见天日,而绘画对我来说就是表达它们所必需的方式、工具、途径。我的哥哥皮埃尔也知道这种奇特的神秘转化操作,通过绘画有时能够做到,他一开始尝试着用语言来表述,但是像兰波一样,最终他决定放弃,转而喜欢上素描和绘画,并从此全身心投入其中。渐渐地,这种需求在他内心扎根,以至于变得必不可少,并且使他不得不放弃小说写作来完成他所谓的绘画的"无声交谈"。"图像是一种力量",他说,我也这样认为,他还说,"我没有想要深入研究神学"。要把绘画看作一场降临,神学意义上的基督降临,接受它无法被解释,就像在天使报喜之后圣母玛利亚从来没有试图解释她身上所发生的事情一样。对突然发生的事毫不知情。

/1/ 米歇尔·雷里斯(Michel Leiris,1901—1990),法国人类学家、艺术批评家和作家。在他的自传作品《人的时代》(L'Âge d'homme)中,他残酷而直白地剖析了自己的身体与灵魂,而后他延续这种自传风格完成了四卷本著作《游戏规则》(La Règle du jeu)。

因为我觉得人类如此弱势，像圣埃克絮佩里所说的那样"在世界中遭到抛弃"，所以我重新拾起了肖像艺术——它也同样因为神圣不可侵犯的抽象艺术而遭到舍弃。我曾经花很长时间观察、欣赏、临摹伯尔尼历史博物馆那些格外奇特的肖像画，画的作者有霍尔拜因（Holbein）、克拉纳赫（Cranach）和勒南兄弟（les frères Le Nain）。这些受委托而作的肖像画，抓住了人物身份的核心要素，那些衣服上挂着饰带的主人公形象近乎天真。我觉得这些画像超越了其所代表的历史和地域的现实，成功地传达出人物最为隐秘的东西。他们凭借这种天真朴素甚至达到了我之前所说的"深不可测的底部"。我专注于人物画像的创作，也希望我自己能够通过象征、镜像手法和图像符号表现出模特身上的真实情况。从某种意义上说展现出他们的灿烂光辉。民间艺术往往能成功再现每个人身上都有的隐秘部分，因为它不触及精神领域，而是在天真朴实中把握住其本质的真实脉动。这是很难解释的，对我来说，用画来表现确实更容易些。需要一直记得的是，画家必须进入深邃的、久远的、远古的历史进行缓慢而玄秘的工作，才能抓住创作火花，火花从未熄灭，但它被遮住了，无人知晓。我以这样的方式塑造出安德烈·德朗的形象，让他戴上伟大先知般的光环；还有《白裙子》（*La Jupe blanche*）的模特，她穿着装饰着金线的红皮鞋和缎子碎褶长裙，她的上衣类似文艺复兴时期画家所画的那样，这一切都体现出她慵懒的美丽。

也许我还想起了父亲的教诲，以及他对杜米埃[1]的欣赏。杜米埃并不像许多人所认为的那样仅仅是个讽刺漫画家，他是一位胸怀广阔、目光远大的画家，他能够超越表象，看到奥秘所在。虽然人物画像不是社会学文献，但是那些脆弱而又强大的人物片段，哪怕没能被人看到，却一直保持鲜活。画作让这些人物重新获得生命和力量，或者说是象征性的权力。所以我想要在《日本女子与黑镜子》和《红桌旁的日本女子》的模特节子身上重现中国画人物那种正襟危坐的端庄，重现中国画所展现出的心如止水的静默。重现它那种无法企及的独特与晦涩。

---

[1] 奥诺雷·杜米埃（Honoré Daumier，1808—1879），法国著名讽刺漫画家、雕塑家、版画家。他的代表作有讽刺国王路易-菲利普的漫画《高康大》(Gargantua)。

然而一切都源于这份童年、这些漂泊游荡和时势所迫而进行的这一系列的流亡。我们的父母生活在创造的激流中，我们怎么能不随之漂流呢？在巴黎的日子很幸福，有我的哥哥、父亲埃里奇和母亲巴拉汀，母亲长着一张温柔的鹅蛋脸，与之相配的是两条乌黑的辫子和神秘而严肃的目光！父亲是艺术史家，所以无论是住在波瓦索那街还是后来的圣日耳曼·昂-莱，我们家里常有"新印象主义"画家来访。母亲跟着博纳尔上课，后者经常到家里来，比我大3岁的皮埃尔沉醉于当时盛行的艺术狂潮，开始画画。当1914年战争爆发，家人决定搬去德国时，这种稀罕的幸福，便再也抓不住，也不可能保全了。那时战火弥漫，亲人分离，我和哥哥被托付给法国的保姆照看，我们一直相信这是个过渡，是短暂的、暂时的。因而绘画成为我无可置疑的必需品，这并不是没有原因的。绘画让我重新找到这个世界上千年的根基，让我在时间和空间中旅行，为我带来远古神话传说洪亮而明快的混响。它让我能够抵挡住人生的流离颠沛，并且让我隐约看到神的显圣。

　　我想起母亲唯一的一幅肖像，画的是她年轻时候的样子。她还没有丢掉童年的灵气，从她那深沉的、几乎像是在赌气的目光，可以看到她的秘密和她的优雅，而它们也历经着时间的磨砺。我想到我的母亲，是的，她让我听到另一个时代微弱而低沉的乐声，那个时代是任何人都无法完全掩埋的。那是闪闪发光且生机勃勃的时代。那是理想天堂般的时代。那是完美的绘画时代。

听着莫扎特的音乐,那种深沉与欢快,那种无忧无虑与深切的悲痛,我觉得在人生的暮年,一切都是值得的,有因必有果。在我听从上天安排走过的一个世纪中,我很开心,并且在人生道路上留下了印迹。我参加的那些聚会、结交的那些朋友们让我有机会结识到最具创造力的人们,是他们塑造了这个世纪,比如加缪、圣埃克絮佩里,圣埃克絮佩里的妻子康素爱萝(Consuelo)迷人、健谈,这姑娘能让皮埃尔-让·儒弗家学究气浓重的午后时光充满欢声笑语;最为神秘的人有莫里斯·布朗肖(Maurice Blanchot)、路易-热内·德·佛利茨(Louis-René des Forêts)和亨利·米肖;最具有颠覆性精神的人有巴塔耶[1]、皮埃尔·德·芒迪亚尔格(Pieyre de Mandiargues)以及杜尔马(René Daumal);最具有宗教精神的有玛丽亚-玛德琳·德维(Marie-Madeleine Davy)、吉东(Jean Gitton)和约翰·保罗二世;20世纪最富有创新精神的艺术家,从毕加索到达利,从博纳尔到德朗,从马蒂斯到布拉克,是的,矛盾的是,他们所有人反而将我带到了最早期的伟大古典大师面前,带向了极其珍贵的欧洲文化遗产,我热爱这些文化遗产并进行了大量的研究,而(我和我的朋友们亲眼见证了)这些文化遗产为了赎罪经受的战争、各种各样的灾祸、放逐、道德沦丧、权宜妥协。必须呕心沥血才能重新找回受到损害、被抹杀的灵魂,必须历经艰辛才能让世人再度陶醉。这就是艺术家的责任。我认为这是一项崇高的使命。这是追求和谐的不懈尝试,这是任何绘画都应当去实现的对美的展现。无论是扎根于瑞士的拉穆兹,还是我因为里尔克才发现的谢阁兰 /2/——他在游历中国时写下的诗歌教会我:要感受他称为"多样"的东西,就要"从整个宇宙大量地"吸收充实自己;无论是足不出户还是远游四方,我们必须到事物的尽头,到它们的另一面,去寻找最不为人知的秘密。对我来说,绘画就是去到中国和"整个宇宙",因为在此遇到的山也同样是深不见底的井。

/1/ 乔治·巴塔耶(Georges Bataille,1897—1962),法国评论家、思想家、小说家。他的作品涉及哲学、伦理学、神学、文学等一切领域禁区,颇具反叛精神,代表作有《内在体验》。

/2/ 维克多·谢阁兰(Victor Segalen,1878—1919),法国诗人、作家、海军军医、汉学家和考古学家,曾长期旅居中国,其作品多取材于中国。

54

1954—1961年住在沙西的那些年，是我人生中创作劲头最旺也最为孤独的一段时光。在侄女弗雷德里克的陪伴下，我画了大量的素描和巨幅油画，它们大都是风景画和静物画，讷韦尔[1]地区的这座居所为我提供了大量的灵感。这座房子从前属于舒瓦瑟尔伯爵家族。巨大的建筑有点像庙宇，很内敛，但是房子封闭的结构并不只在于让人隐居，因为我的朋友前来与我们聚会，有皮埃尔·马蒂斯和他的妻子，贾科梅蒂以及其他许多友人，在这里，我们因为对美和知识有共同追求而情意相通。我内心的某个部分从未放下对宗教的深切向往。这种与莫尔旺地区相联系的开阔风景也影响到我的选择，广袤无边的土地上山峦起伏，田野与森林交替出现。我因为这些原因离开巴黎。在那里尽管我可以独处，但城市的节奏和律动让我感到筋疲力尽；沙西的这间农场如此乡土气，却如此贴近最重要的事物，它虽然残破不堪却极为高大，它引发了信念与深刻真理的回响，我在沙西，是的，在这里找到了重新汲取素材推进探索的力量。

因为这层原因，我羡慕僧侣们适意的规律生活，在这种有序的生活中，我们可以像汲取活水一样，汲取到宁静中的深沉音乐。因为历史的风云变幻，也因为父母的分居，我的青年时代是在漂泊流浪中度过的，我常常觉得这段时光影响了我对于居住地的选择，我的选择是开放性的，就像里尔克所说的"向着敞开"。

/1/ 讷韦尔近莫尔旺，提及沙西时，巴尔蒂斯一般用"莫尔旺"。

里尔克引导着我走向"敞开"的状态，然而这种对于"敞开"的预感与另一种直觉预感无法分割，那就是对于死亡、对于分崩离析、对于精神上受到缓慢而无法阻挡的侵蚀的预感。1934年，我在巴黎皮埃尔·马蒂斯画廊的首次展览让多年以来艰苦的工作终于获得了回报，但在那些年里，我已然怀疑着世界崩溃在即。战争来临，而我们在很久以前就已经见过了战争，见到了它所带来的不幸与灾难。因此，我是带着某种接受厄运的想法——如果用皮埃尔-让·儒弗的话来说，在9月2日应征入伍，奔赴前线。这种又一次为我带来流亡和孤独的事情正在走向完结。然而我从战争中回来了，刚好躲过了死神，我在萨瓦地区住下，就像是经历了分娩和重生。

1940年夏天。我还记得这份令我激动不已的狂热之情，这种想要绘画的强烈渴望。绘画就是避免毁灭的唯一出路，是能够保护和保存美的唯一靠山。是唯一真正可能的表达方式。巴黎对我而言成了一个陌生的城市。敌军卑鄙的侵略行径、被困城民的苦难遭遇、接二连三的投降、滋养我的整个文化土崩瓦解，这一切让人如何接受？我需要山间的空气，先是萨瓦，然后是瑞士。我觉得在这些地方，思想可以得到更新，在此重生并且再创造。

不过我还学到了作品只有在怕生的、执拗的孤独中才能孕育出来。我当时所画的作品曾于1943年在日内瓦的慕西画廊（Galerie Moos）展出。在伯尔尼住过几个月之后，我搬到了瑞士的弗赖堡附近，那是1942年。而我很喜欢画四周的风景，特别是戈特隆山谷，以及可以见到各个沉积岩层的陡峭岬角，那是真正的绝壁矿藏，棱角分明，如刀削一般。底下萨林河的流经之地河网密布，缓和了景色的冲击力，就好像是对我们所经历时光的隐喻。不过这段时光最终卓有成效，它让我重新投入工作，重启绘画。在极为艰难、世事难料的这些年里，沉浸于绘画已然是一种解放、一种释放。

56

然而这种死亡的预感，在一个和平的日子里，在1960年代初的罗马，我又一次体验到了。我有时会用故事或寓言的形式来讲这件稀奇的事。当时我离开美第奇别墅，去找一位铸铁匠，我曾委托他做一项修复工作。我刚踏进他的工作室就看见一座贾科梅蒂的半身像，那塑像仿佛是在欢迎我，等待我或是告知我什么，我不知道。我无法掩饰自己的慌乱不安，我感到极其心烦意乱，我的内心产生某种不适的感觉。我询问了这座半身像的详细情况，为什么它会在那里。铸铁匠解释说它是一位收藏家从巴黎送来的，因为需要重新镀铜。这个解释并没有让我满意，我便专注地欣赏起这座雕塑，它上面满是窟窿，像是一块爆裂的陨石。我提前拜别回到了美第奇别墅，我很担忧，因为确信自己撞见了不好的预兆。

我在回程的时候，就有人告诉我，我的朋友阿尔贝·贾科梅蒂去世了。

我相信这种神秘的兆头，相信来自远方的召唤，相信这些命中注定的巧合，因为它们把我们和那些虽然看不见却必须承认的事物联系在一起。

57

一定是因为我信仰基督教的缘故，所以我能够完全不在乎社会的种种诱惑，能够对现代世界强加给艺术家的个人崇拜无动于衷。那些理应作为我们向导和指明灯的传教使徒和最初的基督教教士们，他们宣扬清贫朴素，宣扬这种赤贫的状态，这让我能够进入内心的意念，触及真实的自己。社会没有做到这一点，反而不停地怂恿人们,使人远离自我,社会摆到人们面前的镜子根本没有反映现实。那不过是谎言、托辞和面具而已。艺术市场已经遭到这种腐败思想影响,画家金贵的签名比画作本身还要值钱。如果我们回看过去,这是多么荒谬、多么虚妄啊!相比于古代大师的谨慎持重和退隐之心,我们差了多远!对普桑而言,在画作上签名的确只是最后一道无足轻重的程序!

现代绘画没能真正明白,绘画至高无上的终极目标(如果有的话),便是作为工具或途径,回答关于世界的那些从未被破译、从未被完全看懂的大问题。宇宙这本大书是很难被人读懂的,而绘画是有可能开启理解之门的钥匙。所以毫无疑问绘画是带有宗教性的,因而也是精神性的。在绘画时,我回溯了时间和历史的长河,我必然回到了史前时代,回到了没有确切时间点的、名副其实的初始时代。也就是世界诞生之时。绘画让我有机会去到世界的第一天,但这场历险本身是极限的,是孤独的,哪怕它承载了所有过去的历史。因此我一直明确地说,画家的工作不能与前辈画家们的工作脱离开。如果画家没有首先谙熟整个艺术史,没有吸收艺术史的养分并由此进行创作,而是仅仅画出他自己和他的所见所感,那么这种从零开始、从头做起是没有任何意义的。

绘画是非常具象的,而同时又是非常精神性的。是通过身体抵达灵魂。如果没有首先用手抚摸过画布，调配过颜料，注意过画面的张力，投入到色彩世界中，并由此体会到这种无与伦比的狂喜，任何人都不能自称画过画。超现实主义画家那种知识分子误入歧途的活动是反绘画的。有太多思维游戏、太多戏谑玩笑掺入到这项体力的手工劳动中，阻碍了通往灵魂的探索。认定我画中的那些女孩属于变态色情就是停留在世俗物欲的水平上。丝毫不懂青少年的慵懒和天真无邪，无视童年的真实情况。

58

我深信绘画的灵气可以触及童年的灵气。尽管没有真正下定论，但绘画是我一生所使用的语言，因为就拿写作来说，绘画比写作更适合我，后者的表达太过明确，太过直截了当地表达出意思。这就是为什么我永远无法像我的众多老友那样成为作家。或许只有这些类似书信的短文可以揭示我人生的一些面向。我的儿子厄斯塔什（Eustache）曾翻出我写给第一任妻子的一沓信件，她名叫安托瓦妮特·德·瓦特维尔，也是我两个儿子的母亲。过来这么多年，这些信件在他看来是值得出版的，如今他尽力整理。写作对我来说只能是这些断断续续的文段，我可以在其中用最精练的话总结绘画所精彩呈现出的内容，它们有时是画家不知不觉中画出的。

59

皮埃尔·科勒（Pierre Colle）是我最珍贵的一位朋友，从1930年代起直至1948年过世为止，他一直出售我的画作。他极有见识，富于洞察力。他知道如何在身边聚拢起当时整个巴黎独具一格并且有创造力的人：毕加索、杜飞（Dufy）、布拉克、吕尔萨（Lurçat）、马克思·雅各布（Max Jacob）、苏蒂纳（Soutine）、马蒂斯、基里柯（Chirico）、贾科梅蒂，还有弗里达·卡罗（Frida Kahlo）。他甚至敢于展出布拉塞（Brassaï）的作品，让照片和绘画享有同等的地位。他照顾我，四处奔走为我建立起收藏家的人脉网络。亲爱的康巴塞雷斯街29号画廊！

60

我回看自己当时的照片，只见一个焦虑、孤独、带有拼劲的年轻人。我感觉那时的自己很不安、很伤感。但或许正因为如此，或者说幸亏如此，我在作品中获得了这么大的确定感。不要把这看作虚荣和自满。恰恰相反：这样可以保护自己，往前走，因为无论如何始终都要前进，向前发展。因此我一直不在乎其他人的建议，更不用说那些很容易在当代绘画中找到的模式和惯用手法。重要的是相信自己，将那些还不甚明朗的、仅仅是初步探索的东西和那些轻微的颤动带到世人的面前。因为有一种刚刚好的绘画,也就是在那一刻我们知道它完成了,画家画到对画作不再感到遗憾,画面圆满完成。在这个时候,我们可以来谈谈美。

61

所以说,我在自己旧照上看到的痛苦和忧虑,只是因为害怕不能画出美,没有足够的时间来表现美。让我害怕的并不是死亡,也不是临终之际,可怕的是在作画之时死神突然降临,让人猝不及防,它会骤然打断所有本应循环往复的事情,季节、天气、一切自然循环,还有光。尤其是光。当我每天早晨来到画室,我都怀着同样的忧虑,是对于光线的担心,我与光线对话,它在每一天都是不同的,变幻不定,像人生一样,像风一样。光对于画家是必不可少的,他通过光来实现圆满的画作。因为这个原因,绘画是一项悲剧的工作,只能随着光线的无常变化来进行。因为不能在过去的、流逝的事情上浪费时间,始终需要追赶上直觉、捕捉到感受到的真相。节子和我会在我很喜欢的日式花园里,在大木屋的影子的阴凉处走两步。忽然显现的是怎样的美景啊,群山耸立,还有小火车呜咽般地鸣笛。

需要画下,需要重现的是这些。只有这些。

因为所有这些近乎宗教性的原因，我感觉大部分时间都不关心同时代画家那些太过概念化、太过抽象的理念。在我看来，创造世界的上帝无法把它造得丑陋或潦草难懂，他留给我们一片广阔无边的美丽天地，画家应当将其利用起来。为什么用这绚烂的宝库去制造丑陋的东西？我一直觉得自己受托保管这些天赐的礼物，我对它们负有一定的责任。画家必须克服自己的消沉、痛苦和怀疑，承接这份巨大的任务，投身于绘画这份洗礼，沉浸于上帝创造的美之中。

62

我不害怕死亡，我只是在内心深处怀有一份恐慌，因为我很清楚死亡会打断我完成画作，而我的绘画每一次都是一幅新的画作。我害怕不能圆满完成，我害怕将这已经带着走了很远，但连我甚至都还不知道是什么的东西留在未完成的状态。这会让我尤为痛苦。其余的事情，我都放心地交给上帝。这就是所谓的宗教的慰藉。我的信仰让我不会觉得一切都完成了，一死便什么都不再有了。相反，在别的地方，以另一种方式，故事还在继续。然后我会见到我深爱的母亲巴拉汀。我感觉到死神在一点点过来。死亡本身是可以被感觉到的，它以离奇的方式潜进来，难以形容。我突然感到一阵奇怪的倦意,我需要休息,需要睡一小会儿。一点点属于自我的东西在消失,记忆渐渐退去,会心不在焉,摇摆不定,不可避免、身不由己就陷入沉默。

不过,我没有让我人生的最后几年过得像是一场衰退的过程,慢慢地、不知不觉地走向死亡。不是的,事实恰恰相反。需要学会安排一些惯例的事项,它们与死亡的来临形成鲜明的对比:绘画是其中一项,作画,沉浸于画布之中,听莫扎特重新获得振奋的力量,喝茶,尤其是知道节子在照看一切,因为有她在,这座房子成为平静温柔的港湾。节子是我全部的生命,她的悉心照料和她的爱,让我能够活下去。

63

让美第奇别墅重现光辉,这真的是一直萦绕在我脑海中的想法。这件事关系到精神生活,是一种维系生命的方式。此外我的朋友费里尼已经感觉到了:"我看你,"他说,"就像是一处遗产的守卫者,历史在这份遗产中积淀下人类的文化。"他说得不错,因为我在罗马的日子很漫长,而且一开始法兰西学院的当权者反对我做院长,他们声称,按照惯例被任命为院长的应当是一位学院的成员,但我利用这段时间翻修了美第奇别墅，常常不惜牺牲我自己的绘画工作。重现过往的壁画，重新开发生石灰绘画的技术，为巨大的厅堂配上家具，所有这些都是由别墅的工作人员和客人亲自动手完成的。我用玻璃瓶碎片去刮擦整个墙面，以便实现灰暗沉浊的材质，让灯光和蜡烛获得完美的映照效果，我的儿子斯塔尼斯拉和厄斯塔什也参与到其中……

但是在我看来，这份对于翻修工作的狂热并没有免除人生的教训、精神的告诫。我们每个人都对过往的历史负有责任，需要不惜一切代价保留历史的证明，重新发现古人的教诲、他们无限的耐心和非凡的技艺。对我来说，为别墅除去它在这些年来被迫接受的华丽装饰和庸俗布置是一场重生，一场升华。实现美，触及它的坦诚透明。

64

我这么多年以来所完成的这项工作，我付出了那么长时间的辛劳观察自然，在自然中探索万物的奥秘与联系，和那些对于梦境怀有无限而荒谬信仰的超现实主义者不同，我在画室里度过的漫长白昼充满孤独，并且我从未分心神游，我将这样的状态归功于一种属于封建时代和正统贵族阶级的观看和思考方式，它要求仅仅牢记责任。我一直喜欢生活在地势高的地方，不是出于虚荣，而是因为这些地方比较贴近我和我的生活之道。沙西很破败有什么关系，只要它能把我与最讲究、最高贵的事物联系起来就可以！尽管受到岁月的摧残，蒙特卡维罗傲立的高大建筑依然保存着贵族阶级标志性的姿态和风度，我希望我们的时代也能对此心向往之。我热爱这封建的时代，它既是古老的欧洲也是古代的中国，因为那时盛行着以信仰为重、尊重自然、忠于原始时期馈赠的观念。故而基督教是高尚的宗教，因为它让人达到最崇高的美德，达到那些如今被忽视的社会准则，例如同情心、圣约翰式的善良体贴、单纯直爽。这是一种能让凡人成为圣人的宗教。出于这些原因，我有着封建情怀。这种倾向让我一定要关心他人，关心我始终重视的守护职责。所以，能从萨伏伊亲王手中接过圣毛里齐奥和拉扎罗（san Maurizio et Lazzaro）大十字勋章，我觉得非常自豪。我还把勋章裱起来放在书房。

我有时会穿上和服来纪念节子所继承的文化传统。是我让她尽可能多地穿和服。在拥有上千年历史的日本，和服是一分力量、一副铠甲，是一种保存历史、让其得以存续的方式。

是不是因为我对于传统怀有这份深深的依恋，所以我才不认为法国大革命所取得的成果是真正的发展与进步？1789年的事件破坏了世界的形势，导致万恶的金钱和小资产阶级开始统治世界。美第奇家族，那些富商贵族高瞻远瞩，尽管我不认同他们独断专行的统治理念，但是必须承认他们懂得唤起美，懂得保存艺术。只用了短短几年时间，大教堂的三角楣、皇室宫殿的门面、中世纪令人叹为观止的宗教塑像都被毁掉或损坏。我见到美第奇别墅是一片令人落泪的惨景。粗涂的灰泥墙面、庸俗的装饰布置把一切弄得乱七八糟。

当今世界是靠着法国大革命的成果来生活的。去除宗教色彩的社会遗忘了石制材料，只是因为更喜欢水泥和塑料，也就是那种难以消除的丑陋材料和那种短暂使用的居家用品……

这是人类的悲剧……

65

当我遇到出田节子时，她还是个特别关注现代社会发展变化的年轻姑娘。尽管出身于一个有着勇武高贵的武士祖先的古老世家，但是她在儿童教育、年轻女性地位、妇女解放等方面的主张都非常先进。她那时穿着新式的服装，极少穿和服。我对日本文化的频繁接触促使我自己穿起了和服，也让她一直穿和服。我们两人常常穿着宽大的绸缎和服在罗西涅尔走来走去。和服将我与年轻时所痴迷的世界联系到一起，联系起高高在上的绘画世界，联系起它的和谐统一之感，这种感觉体现在它的仪式中，甚至就在这衣服中。正如令人钦佩的《苦瓜和尚画语录》作者石涛[1]所说，这是"脱俗"。穿和服像是一种禁欲苦修，一场真正纯净而简单的修行，达到自然的真理。传统服装不再是无意义的、虚荣的装饰，不再是对自我的乔装打扮——可以说是假象或面具，而是古人精神的线索。这不是徒劳的怀旧，更不是乖张怪癖，而是分寸与和谐。我已经说过，不同的世界、地点、风景或者人与人之间都有相通之处。中国和日本也存在于这里，在罗西涅尔或是在蒙特卡维罗。我在支撑蒙特卡维罗城堡的石块上和阿尔卑斯山的山坡上见到了同样的褶皱。大木屋的花园，以及佛塔形状的小凉亭、木屋本身被雕刻和侵蚀的木材、由于岩石运动而褶皱起伏的山峦让我想到贝阿滕贝格和古代日本广袤无边的风景。穿着和服除了感觉非常舒服之外，它还让我以某种方式在时间中穿梭，在辽阔的宇宙中穿行。

---

[1] 石涛，清初画家，原姓朱，号石涛，又号苦瓜和尚。他著有《石涛画语录》，又名《苦瓜和尚画语录》，共十八章，从笔墨规则到四时、林木，从意境到具体表现法则都有涉及。

和服带给我的自在，当然我在绘画中也能找到，还有在吸烟的时候也能体会到，对于吸烟这件事，我一直很讲究。我总是一边作画一边吸烟。从旧照上看，这个习惯年轻时就有。我凭直觉认为吸烟会让自己更为专注，能让我在绘画中全神贯注。现在我的身体弱了，烟就抽得少了，不过无论如何我不会错过面对正在进行的画作沉思的这几分钟美妙时刻，夹一支烟在唇间，就好像它能帮助我推进画作一般。还有在吃完饭后，喝过茶后抽烟的那几分钟幸福时光，在我用餐的桌子旁边有一个小床头柜，节子总是把烟放在那上面。这真的是非常幸福的时刻：我想这就是波德莱尔所说的"美好时光"！

有时候我会陷入忧郁，这像是某种伤感情绪，惋惜于即将离开人世、离开世间的声响、光线。还有继续在山间行驶的莫博线小火车的鸣笛声，我的斑点狗吠叫的声音，节子走路的细微声响……但是死亡并不只是宣告了这种无可挽回的损失。它也是上帝终于召唤你的时刻。当上帝想要召回我，当他觉得是时候了，他就可以召唤我！然而想到还有一幅画没有完成，这能让我放下心来。上帝啊，你知道我还有任务没有完成，怎么让我走呢！

我常常想，基督教给了我像城墙壁垒一般的力量，可能也是因为这个缘故，我喜欢碉堡式的房屋和拥有强大防御工事的古老建筑。基督教的财富当然是基督圣像的影响，他既坚强又脆弱，他拥有神性但又受到人类苦难与贫困的影响。

如今世界失去了所有基准坐标，失去了所有路径，再也没有什么东西能抵挡无可避免的恶人、恶势力、邪恶精神。在几个世纪间，耶稣的宗教给人以这种保证、这种信念和热忱，它们让人能够前进，也能够创作。绘画是上帝的镜子，但是当有其他那么多人从事绘画却把它当作草稿流水账时，我要怎么继续耐心创作，慢慢推进绘画呢？

所以我感觉我们的世界没有星光，感觉它航行在完全漆黑的夜里，感觉它盲目地前进着。我们的真理是带有裂隙的，我们的信念是碎裂的，我们的灵魂千疮百孔如同海绵一般，无法掌控自己，无法坚信自己。基督教，以及对基督教的信仰，不仅使人安心，并且给人以创造的勇气。想到是我所信仰的宗教使得那些大教堂被建造出来，这让我很高兴。我为这份遗产感到自豪，我感觉这像是一份恩赐。我们这个世纪对什么都不再信仰了。现代画家也没有信仰了，虽然在我看来一位画家的作品应该触及最神圣的事物。要画出最接近神性的形状、主题和色彩。弗拉·安吉利科和皮耶罗·德拉·弗兰切斯卡做的也是一样的事：带着绝对的谦卑走近上帝的奥秘……

68

我很少提到哥哥皮埃尔·克洛索夫斯基·德罗拉，这常常让人感到惊讶。我们俩的关系比较奇怪。如今我没再见过他，这或许是因为我们已经走上了各自不同的信仰之路。这件事情非常不可思议，线索模糊而细微，以至于我无法分析出所以然。皮埃尔曾经深受天主教启发，以至于他自己都加入了多明我会，但随后他又退出了。我认为，他的绘画和文学作品在20世纪下半叶举足轻重。我俩共同的朋友很多都支持他，认为克洛索夫斯基才华卓著，能力非凡。不过，我本人对他的文学、素描和绘画没有很大共鸣。或许尤其是因为他的作品离经叛道，不够光明，而我选的路则更加受到上帝恩赐的影响？克洛索夫斯基的作品是一颗黑色的钻石，而我则尽力在画星星的光辉、羽翼的颤动和被天使抚过的孩童肌肤。

所以我的作品没什么可解读的。它们就像是圣歌、圣诗、祈祷。

69

我曾非常信赖自己的绘画,以至于到最后无法将其再视作是自负或者冒失。尤其是大概在1940年至1954年居住巴黎期间,我受到过一些人的忌恨,因为我没有按照当时盛行的风尚和艺术审美运动来创作。我采取了一种完全无所谓的态度,这应该会激怒到其他画家和画廊老板。这种有些超常的,几乎是浪漫主义式的距离,为我赢得了阿尔托的友谊,就像我说过的,他在我身上,看到了另一个自己。就像缪塞在《十二月之夜》(La Nuit de décembre) [1] 里所写的,我就像他分身的兄弟。但是随之而来的孤独感并没有改变我的信念,我还是坚信自己是正确的或者正义的……相反,这份由我自主选择的孤独让我靠近了这种苦修生活,我曾常常想要过上这样的生活,而离开巴黎让我得偿所愿,我可以在偏僻的、生活艰苦的地方找到禁欲坚忍的孤独感。比如在沙西,一些日子里我高强度地工作,几乎一门心思只投入到绘画中,投入到起草画面的工作中,我与风景、与侄女弗雷德里克融为一体,弗雷德里克渐渐地掌控了这个地方,成了这里的"圣母"。就这样,在沙西我感觉这里完全契合我的波兰血统,契合我所习得的、来自古老中国的文化。与此同时,我重新回到了一个乡下的、极其乡村的地方,泥土的气息无所不在,浓烈、滞重,周围环绕着耕地、成群的牲畜,被乡间的神秘感包围,仿佛成为远古时期的涅夫勒 [2] 当地人,对于我们时代的人所喜爱的世俗凡尘感到如此陌生。对我来说，只要弗雷德里克在就够了，她占有整片地方，她是这里的女王。而且我想在1955年为她画的肖像画《穿白色衬衣的少女》（*Jeune Fille à la chemise blanche*）中表现出她的权势气派。她还是个稚气未脱的孩子，但与此同时她却拥有古代王后那种庄严如雕刻般的力量。当我接到任命到美第奇别墅任职，她自然跟着我去了罗马。不过因为节子来到我的生活中，我们的相处变得困难了。我们之间再也不能像从前一样了。她很难适应节子突然奇迹般地来到我的生活中，而且后者很快成了我的模特，成为我爱的人。我把沙西的庄园给了她，她现在还住在那里。我对1950年代保存着很深的记忆，那是我和她共度的时光，那时我画下许多的风景画。那时我画了那么多画，或许那时我最接近自然的奥秘。

/1/ 阿尔弗雷德·德·缪塞（Alfred de Musset, 1810—1857）的诗歌《十二月之夜》中有这样的诗句："穿黑色衣服的男孩/走到我的桌前坐下/如我兄弟。"

/2/ 沙西位于法国涅夫勒省。

但是不要因为我常常说当代绘画不太好的话就认为我很蔑视它。尽管我为它的未来感到遗憾，悲叹它没有精湛技艺和经验技巧，叹息它那么轻易就转向省力取巧、乱涂一气的抽象画，但是我也有很欣赏的几位画家，特别是塔皮埃斯[1]。我们知道毕加索看着米罗展示给他的最新作品，说出的那句出名的带着玩笑和些许痛苦语气的对答，而他还是欣赏米罗的呢。毕加索看着米罗画里的孩子气——他后来就专注于此，对他说："米罗，你不能这样，不能在你这个年纪画这些，你以前画得多好！"他几乎是微笑着在说，似乎想要让米罗回归理性。

这话可以说给如今的很多画家听。而塔皮埃斯，他则是深刻的，他的画绚丽多彩，我们相信他画中大面积的平涂、单色的色块是富有意义的，它们颤动、晃动，如同光斑。非常强烈，非常美丽。塔皮埃斯的艺术中有种中国气质。他能够在这无尽的黑暗中创造出炫目的动感和生机，让它们在一片嘈杂混沌中显现出来。

说到塔皮埃斯就必然要说回远东的绘画，说回古代中国的技法和中国文化所带给我的东西：我觉得准确的说法就是石涛所称的"一笔尽风流"[2]。也就是，信手一挥，用一条线直抵事物的根源，让这根单纯的线条通向无法言说的境界，即中国画家所称的"道"。

/1/ 安东尼·塔皮埃斯（Antoni Tápies, 1923—2012），西班牙画家、雕塑家、艺术理论家。
/2/《苦瓜和尚画语录》"海涛章第十三"中有"一笔一墨之风流"之句；此处，巴尔蒂斯即是在解说石涛的"一画"理念。

71

我从来没有真的喜欢过恐怖、丑陋、古怪可疑的事物。所有这些都令我感到厌恶。可能是因为这个缘故，我欣赏不了我哥哥创作绘画的一些时刻，因为他的想象之中常常带有对于病态、邪恶和施虐受虐的关注。所有这些主题自称贴近了神的世界，而我很气愤，完全无法接受这些作品。或者对它们无动于衷。弗朗西斯·培根那些裸露的鲜血淋漓的躯体让我很不舒服，尽管我认可这是一位伟大画家的作品，就像克洛索夫斯基那些离经叛道的艺术探索一样。我们身边有那么多美好的事物，为什么执意忽略它们呢？我只想画美好的事物，猫、风景、土地、水果、花，当然还有我那些可爱的天使，她们与上帝神交，是神性的完美化身。确实会有一些传记作者和艺术批评家（之前已经有了！）认为在我的模特身上看到了色情的姿势，污蔑了我这些原本想要表现天真纯洁的作品，玷污了这份对于永恒的追求。不过这有什么关系！他们还会说我是皮格马利翁[1]。但是这证明他们完全没有理解我的作品。我的创作一直是为了接近童年的神秘，接近那界限不明的慵懒之美。我想画的，是灵魂的秘密和在稚嫩外表下，在她们还未破茧成蝶时，这份黑暗与光明并存的张力。在这不确定的朦胧时刻，她们是绝对天真单纯的，而这个时刻将很快过渡到另一个确定的、受到社会影响的年岁。在这项通往神性的工作中，有某种令人惊叹的东西。我相信皮耶罗·德拉·弗兰切斯卡肯定也能明白我在这里所说的：发现创世之前的时间，把它带到世人面前，在这纯洁毫无修饰的时间中，虚幻无形的协调感，也就是神性，会忽然显现。我认为我在一些少女画像中实现了这种感觉：比如《飞蛾》或《穿白色衬衣的少女》。我的绘画讨论的是一个如今不复存在的世界，被掩埋的世界。通过我所创作的内容，画家变成了名副其实的灵魂考古学家。我们在这片地方，在这块画布上仔细搜索，深入挖掘，再填平粉刷，让最初的淤泥层变得坚固结实，让被掩埋封存的时间重见天日。绘画是一场真正的圣母升天仪式，一场高举圣体的仪式，一如在弥撒中，挥舞的圣体面饼好似金色的太阳。正因为如此，绘画的唯一目标就是创造美。一些当代画家所画的肉体让绘画变得堕落，像地狱恶魔一般。而绘画本应触及神性美，至少表现神性美的化身。

/1/ 皮格马利翁是希腊神话中的人物，他爱上了自己雕刻的少女雕像，并向神祈求让塑像成为他的妻子。

72

我曾和皮埃尔-让·儒弗一起多次尝试艰难地探索参透秘密，冲破趋向光明的黑暗，儒弗和我交往甚密，他是我一位重要的朋友。他很关注我的创作，因为实际上，我们两个身处在同样的地位和环境中。我明白他在尝试着弄清楚什么，他极其看重完美，而作品之外他本身的生活也时时受着神秘的感召，后者也是我所关注的。我很欣赏他和我一样断绝了与超现实画派的关系，超现实主义再也无法带给我们任何东西了。有一段时间，我们曾相信超现实主义者不断运用的无意识能够揭示出一些奥秘，但是很快，我们便看出这是一场失败活动，甚至可能有涉欺诈之嫌。我们的精神受到过上帝太多的感召，因而不会落入布勒东超现实主义手法的狡诈陷阱，我们知道我们在人生中需要走出一条属于自己的轨迹，这条路是任何流派、任何学派都无法教授的。需要在极其孤独的状态才能向前走。儒弗对自己有这份严苛的要求，因而我喜欢他。我经常去拜访他，我们的谈话总是会走向同样的事情。他身上有着极其像波德莱尔的地方，比如他喜欢灵魂与肉体的二重性、情色躯体与贞洁躯体的二重性，他想要让一切都变得具有仪式感，让他的话变得深不可测。他喜欢我的画，因为他从中看到同样的追求，同样的二重性。我确实常常觉得自己也很有波德莱尔式的风格，那种穿着讲究时髦的派头，骨子里的贵族气质，我在侯昂庭院时所感受到的遗世独立的自豪感，以及我能够靠近外面的世界，能够甚至在不知不觉中让它们显现出来，例如在我最近的这幅画（我努力画了几个月，或许我画不完它）中这样……沙发上这个放松懒散的女孩是哪里来的？为什么这把吉他会在她旁边，靠着沙发？那只狗透过窗户看到了什么？这条很像蒙特卡维罗山脚下银色河流的蜿蜒小径通向哪里？这些东西是我不由自主画出来的，没有一个分析者能够真正解释清楚。儒弗喜欢这种不可能的解释，喜欢这种在救赎和作为人类受苦之间不断摇摆的状态。儒弗曾经很精彩地讲述过这件事，我们所推进的计划，我们是这个时代不一样的诗人和画家，至少其中一些是，比如德朗、米罗和塔皮埃斯。他说："我们是表面被太阳光微微照亮的无意识群体……""这个群体反射振动和张力，"他补充道，"用绘画或诗歌捕捉它们，将它们记录在画布和纸张上。"奇怪的化学反应自然而然发生，无需任何理性掺入。从儒弗那里，我学到了这一点：我们想要创作的艺术必定发生在只靠想象力主导的未知区域。

  他组织的晚会活动是很令人难忘的。各种

类型风格的诗人和画家济济一堂，簇拥在他和他夫人的身边。他的聚会活动有些古板，或许是对自我的严格要求使他无法彻底放开，那种像下达圣旨一般的气氛惹怒了一些人，比如阿尔托。我在那里遇到了很多艺术家，比如圣埃克絮佩里、阿尔贝·加缪。他们都是刻画精神灵魂的作家，非常注重精神意义。这也是因为儒弗懂得如何为客人们提供精神思考的养分。我自己的精神需求在那里得到了满足，并得到了加强。

前面提到的圣埃克絮佩里，给我写过一张明信片，这可能是他写的最后一张明信片，落款是他失踪前一天，即1944年7月31日。当得知他很可能已死的消息时，我想起这个魁梧的年轻人，他曾和妻子康素爱萝一起来到儒弗家，这位活跃的姑娘特别健谈，她那种南美洲人的轻声细语让所有宾客倾倒。她讲述那些不可思议的故事，但是说得煞有介事，我们所有人都相信了。这张明信片我是在好几个月之后收到的，有很长一段时间，它被我钉在办公桌对面的一面墙上，然后有一天它就消失不见了。肯定是哪天搬家时弄丢的。我很珍惜这张明信片，因为它是圣埃克絮佩里最后的友好表示。

73

我曾爱过我的第一任妻子安托瓦妮特·德·瓦特维尔，原因我自己也不大想得通。是不是因为我们的第一次见面不同寻常，所以我们有了命中注定、独一无二的爱？我遇见安托瓦妮特时，她还不到4岁。我在1937年娶她为妻。那时我29岁。这个女人曾赋予我灵感，让我写下非常优美的情书，而我的儿子们最近决定将它们出版，因为他们看到我在其中表现出了一定的写作才华，虽然我从来都只是画画，不相信自己有能力遣词造句，好像绘画是我唯一的表达方式。无论如何，我相信他们，或许我对安托瓦妮特热烈的爱让我超越平庸的写作能力，妙笔生花了。谁知道呢？

我画过好几次安托瓦妮特·德·瓦特维尔：我最喜欢的一幅画作《山》里就有她，这幅画作于1937年，也就是我们结婚的那年；《白色衬衣》（*La Chemise blanche*）里也有她，这幅同样作于1937年。画中的安托瓦妮特美得艳光四射，尤其是我想要表现并要求她摆出的身体姿势极富张力。她那时是个很孤僻的年轻女孩，因为得了哮喘，很容易疲劳，但是她的内心拥有非凡的力量，散发出无比的魅力，让我像中了魔法一般心醉臣服。对于我的怀疑、焦虑、在绘画上持续的担忧、对不停地修改画作的自责，她具有一种无人能比的权威决断。我一定是从她那里得来这份自信心，因为她就很相信她自己，我们都有着同样的贵族的严格要求（她来自伯尔尼地区最为显赫的一个贵族家庭），我们有着同样的道德观，从词源意义上说[1]，这是一种勇气，为了不背信弃义，不违背自己的承诺和忠诚，向前走并接受贫穷。不过，人生在世，我们永远无法信守所有承诺。我将人生献给了绘画，进而走上了另外的道路，与别的人相遇，最终遇上侯爵夫人节子，她代表着我一直追求的这种爱的样子，她让我从此再也无法与她分离。节子扶着虚弱的我在木屋里行走，迎合我的愿望和请求，挽着我的胳膊带我上楼到我的房间，带着无限的爱极其耐心地跟上我缓慢的步调。她在悄悄地准备接受洗礼，对我来说，这是个重要的愿望，是件很幸福的事情。她会皈依我所信仰的罗马教派，我们两人之间又多了层联系，肯定是最为微妙的联系。

---

[1] "道德"这个词在法语原文中用的是vertu。

74

人的力量只能从他一生所从事的劳动和他的决心中得来。克洛索夫斯基一家在1914年失去了一切，我的父亲完全不懂如何打理资产，他投入所有积蓄购买了俄国铁路的股票，不难想象这给我们带来了多大损失！政治事件让我们开始流亡，承受分离的苦痛，被抛弃的感觉一直萦绕心间。但是我父母内心的精神力量帮助我们挺过了这些家庭灾难……朝不保夕的流亡生活会让我们陷入丧失一切的感觉，而父亲如此喜爱艺术，他成功地战胜了这种感觉。艺术是一种拯救的形式。我在儿时有过这种被艺术拯救的经历，有过非常直观的切身体验。我知道艺术——它所带来的和它在人内心生发出的东西，对美的发现，能够战胜一切不幸，抚慰一切孤独之感……我当时一直带着内心这种深刻的感受在生活。它也在我游学、行走的过程中为我带来帮助，这些旅程让我想到让-雅克·卢梭在《忏悔录》讲到的在年轻时经历的启蒙冒险，从某种意义上说，那和我自己的经历是相似的。在意大利的旅行就像他所经历的一样，让人能够对事物有更深的理解，更好地前进，克服不稳定的生活所带来的种种物质困难。对我来说，从事艺术实践、它所需要的艰辛劳动、坚韧不拔的精神、在画室里度过的漫长时光、持之以恒的要求，是这些让我不会迷失自我。无论如何，我始终把它们当作一种召唤，或者应该称为神召。也就是我此生注定的某种东西，宿命般指引我走向它。

我的坚持、热忱和信念让我进入一种精神修行状态，而因为这份精神修行，我也在生活中与其他人保持着一种共情的联系。是不是因为我笃信宗教，所以才把同情看成耶稣教给世人最美的品德？同情不仅是与他人共患难，还要听到他们的声音，倾听他们，理解他们。从事绘画并没有使我变得自闭孤僻，而是相反，绘画是一种带着人间烟火气的孤独，整个世界恰到好处地进入其中，没有任何事物被排除在外。

　　这让我想起一幅漂亮的画作，它是为一位让我很有好感的咖啡店侍者画的，我请贾科梅蒂替我送给他。那是一幅很小的静物画，画的是一只咖啡壶。最近人们在贾科梅蒂的遗物中发现了这幅画。这是否让人联想到贾科梅蒂从没把它转交给那位侍者？我真的不相信，我很信赖贾科梅蒂，他为人诚实。但是我很遗憾我本想送画的人没有收到我的画。这真的是表示友好的行为，我想要和他建立一个友好的联系，但是不想被人注意到，这样他就不用向我道谢，不会在我面前感到尴尬或者惊讶。这么多年之后，我发现这些都没有实现。我为此感到很悲伤、很失望。有时候伸出去的手，想要留给别人的痕迹，都沉入深渊。就像那些星火，或者燃烧着，或者就熄灭了！

76

当我回顾过去那些年，总有一些人让我记忆犹新，或者是我特别仰慕的，或者是被我抛弃的。抛弃那些人是因为他们不符合我自己的关注点，或者就是单纯因为经过那么多年独自创作，我当时认为绘画应该存在于某种禁欲苦行的生活中，远离喧嚣、时尚，以及各式各样的巴黎风格。因而，我记得莫里斯·布朗肖和亨利·米肖，我尊敬这两位，因为他们甘于沉寂，投身于创作，埋头其中，并且拒绝任何妥协。对乔治·巴塔耶我就不那么欣赏，因为他制造轰动，言辞激烈，以及总是渴望支配操纵。不过我经常和巴塔耶来往，哪怕我并不赞同他的论点，不赞同他突发奇想的念头以及他对所有事情的狂热。他和安德烈·布勒东一样，他们都需要对其他人有一定的控制力，这两个人之间既亲近又疏远，因为他们两人个性都太强，很难共处。巴塔耶做事有些孩子气，他太过强调保密，这让他常常显得像个宗教导师。他可能确实把自己看成是自创宗教的大教皇，而我在理智上无法跟着他去游荡。当时我非常独立，非常孤僻，不会跟随任何人去做在我看来异想天开的事情。阿塞法勒派[1]战后的创作曾令很多艺术家着迷，但是我不太喜欢这些神秘入教仪式一般的行为，不喜欢这种想要试探秘密的方式。巴塔耶对秘密仪式以及所有与之相关的礼仪、场面表演、典礼都表现出明显的兴趣，而且它们也为他的作品提供了滋养。我对这种混合着色情、出格、渎神和恶魔崇拜的共济会氛围不感兴趣。我哥哥克洛索夫斯基一度觉得这些创造性尝试很有意思,但是由于我们本身受过太多基督教的浸染,所以不会完全对此信服。巴塔耶这个人带有一点反犹主义的倾向,或者说至少我们这些抵制其理论的人这样看他。巴塔耶痴迷于惯例化的仪式,而法西斯主义者用它来诱惑民众。这其中所表现出的强势意志令他心驰神往。

我不喜欢这种疯狂,哪怕它是精心排演出来的。因而我会寻找用其他更平和、更通人情的方式走近艺术的奥秘。我从来没有背弃过追寻神性之美的使命,我曾努力将它放回我的创作中。人们不会在我的创作中看到明显的断裂分层,也没有短暂的迷恋。相反,我一直渴望的是和谐统一。而这一点,我通过风景画,通过表现少女模特模糊且令人眩晕的美,通过刻画——我很愿意展现的——她们肌肤的纹理和水果的纹理,得以实现。相比巴塔耶及其友人的伪色情探索和他们那些幼稚的尝试,库尔贝带给我的引导作用更大。我不说布勒东想带我们去走的那些所谓的新路……原始派意大利画家笔下的质感和德拉克洛瓦和库尔贝画中裸体人物肌肤的纹理对我来说就足够了。我从未与它分开过……

/1/ 阿塞法勒派为乔治·巴塔耶创立的秘密社团,其创作活动多关于色情和死亡。"阿塞法勒"(Acéphale)源于希腊语,本义为"无头"。

77

眼下我走路困难，眼睛也不好使，我便把自己完全交给刘医生，他是我的私人医生和忠诚的服务者，他几乎从不离开我，当然除了我在画室的时候，还有我需要独处或者和节子在一起的时候，有节子在，我就能打起精神，并且能节约很多时间，因为她会帮我调配颜料，完成过去由画室助理来做的琐碎事务。

我喜欢我们"启程"去画室的时候。要坐上这个"残疾人"小车——就用这个词吧——离开木屋，刘医生会在我腰间系一根带子，我被严严实实地裹在暖和的花呢毯下，我们穿过庭院大门，斑点狗会迎上来和我打招呼，我们从缓坡下来，穿过大路，来到画室，画室里很暖和，供热的炉子嗡嗡响，屋子里弥漫着松节油、黏合剂和颜料的"神圣"气味。画室顶上有一扇巨大的玻璃天窗，有一囷光投在装有轮子的画架上，节子非常优雅且毫不费力地将画架推到了我的扶手椅跟前。当我重新见到尚未完成的画作，见到这幅正在进行的绘画，这是极其美妙的时刻！我在跋涉的半途之中，只有当画作最终圆满完成才能活下来。我从来没有弄明白这实际是怎么回事，这种神秘的力量，这种魔法，把我自己都还不知道的、那些将要被画出的东西带到了我的画上！在罗西涅尔这里，日复一日就如同日课一样规律。在这些日子里，我会听莫扎特的音乐，我们有时会读书，由节子或我们的一位朋友伯顿先生（M.Burton）大声朗读给我听，这样我们可以重温重要的神圣经文,如《圣经》甚或是《亡灵书》[1]（*Le Livre des morts*）以及奠基性的文本如《奥德赛》（*L'Odyssée*）。我的日子就在这样的美好中度过。永远在赞颂时间,领会时间的尺度。

[1] 又译《死者之书》,是古埃及最为重要的宗教文献集。

78

我的天主教信仰并非来自我的家庭,因为我的父亲是位新教教徒。但是生活里的机缘巧合替他做了决定。一位非常富有的波兰表亲亚当-马克司维·莱维斯基（Adam-Maxwell Reveski）遗赠给我和哥哥相当大一笔财产,在我们成年后可享用,但是有个必要的条件:我们必须信奉天主教!对于这一点,我的父母很乐意地接受了……因而我们便在这样的传统中长大,我必须得说,我一直为此感到庆幸。哪怕……由于战争造成的货币贬值,我们从来没能享用过继承来的那笔遗产!只剩下这笔巨大的基督教遗产,并且我得以经常接触基督,他从未离开过我。我记得当我独自待在帕多瓦和锡耶纳的小教堂时那些难以言说的时刻,我与文艺复兴早期的大师们心意相通，我几乎可以切身感受到基督教奥秘的存在。天主教不仅帮助我活了下去，熬过了苦难，还让我多次领悟到世界的奥秘。上帝降生成人的宗教，也是接近神明的宗教，那神性虽看不见却能摸得到。我在床头挂了一些圣像和一串念珠。这种与圣物之间的联系滋养了我的创作，让我得以更深地走近世界的玄秘……后来我所喜爱的艺术家从来都不是不敬神的人。即便他们本人不信教，但他们的作品符合基督教对于生命的教义：例如我想到毕加索、德朗和博纳尔。我跟让·谷克多[1]没有来往，只不过有时他出现的场合我也在，但是我凭直觉知道他的画太过轻浮，他不是那种会在教堂里画画，像皮耶罗·德拉·弗兰切斯卡那样成为宗教画家的人，他只是一个热衷社交生活的画家，他在上流社交界非常引人注目，因为太过闪耀无法成为真正的亮星。我喜欢那些更加隐匿、更加深沉的微光。塔皮埃斯的作品当然比谷克多的更富有智慧之光！谷克多在伊迪丝·皮雅芙（Édith Piaf）去世几小时后突然离世[2]，这使得他的死讯没有如他以为的那样登上报纸的头条……皮雅芙的光彩让他黯然失色……尽管我很少跟上流社交界来往，但是当我去过这种场合后回到侯昂庭院的画室，我会对自己这种类似农民和手艺人的工作更加确定，更加肯定我默默埋头苦干、用心仔细的工作方式。需要经过很多个小时、很多天我才能知道自己是走在正确的道路上。当时的一些画家绘画速度之快一直让我很困惑。因为这些原因,谷克多画的画太过程式化,太过炫技……轻易完成的画作没有生命……给我信心的是一些相信我的朋友,是一直关注并鼓励我创作的可靠的收藏家们。如果没有他们,我还会继续吗?我思考了一下,是的,肯定会的。我有那么强的信仰,那么多内在的支持,诸如祈祷以及相信自己掌握某种真理,因而我不会放弃。或许这也跟我一心保持的这种必然属于中世纪的性格禀性有关,跟这种意志有关。永远选择高于尘世的东西。精神修行的目的就是登临高境。

/1/ 让·谷克多(Jean Cocteau,1889—1963),法国诗人、画家、编剧、电影导演。代表作是小说《可怕的孩子们》、电影《诗人之血》。

/2/ 法国著名女演员伊迪丝·皮雅芙是让·谷克多生前好友,据说,谷克多死前曾说:"啊,皮雅芙死了,我也该去了。"

我们知道,镜子既是空幻虚妄的标志,又代表着精神的升华。镜子,是我绘画中的一个主要意象。当然,镜子于我而言常常是灵魂的意念,是灵魂最深刻变化的回响,就像柏拉图可能

会说的那样。而我在罗西涅尔经常翻阅柏拉图的作品。所以，尤其是我画中的少女，很多都使用了镜子。她们并非只是为了揽镜自照——那只能代表她们的无聊肤浅（我画中的少女不是放荡的洛丽塔）。她们持镜，更是为了窥探自己生命至深的存在。因而我的画总是有着一层层的意思，画中的裂隙将故事分成了两份，公开表明分歧的存在。

但是我不想对我的画进行任何的阐释，我作证，我的绘画是在我不知不觉中"工作"的，我自己始终不知道画笔要往哪里走，朝哪个方向摆动，我只知道何时我的手会不由自主地画出石涛所说的"一笔"。

说实话，我的画作里有镜子，还因为一个更偏技术性的因素。在拍到我的照片里，我常常举着一面镜子很贴近地看，之所以贴这么近是因为我的视力太差了。这样一来，我就能看到作品的镜面图像，由此所有透视方面的问题，就都可以被发现。这是皮耶罗·德拉·弗兰切斯卡非常熟悉的一个老"窍门"，从许多方面来看，弗兰切斯卡都称得上透视画的鼻祖之一。因此，我从未想过把镜子看作本质上具有象征性的事物。否则这将成为一个我完全不懂的绘画对象。绘画属于一个遥远而神秘的领域，而如果我们把猫或者镜子这种带有明显意味的对象放入画中，就很有可能要让它作为绘画中具象的实体，很明确地表现出来。那么镜子便象征着通向梦境和想象的天窗。这并不是我有意为之的。镜子成为画中的一个内在元素，变得不可或缺。我画的那些少女们手持明镜。她们的目光穿透了镜子。我便不知道画作会走向哪里。需要你们，看画的人，重新找回散乱的线，这些线是在无意识的情况下汇聚到画中的，它们仍旧难以被理解！

  我认为我所知道的是，镜子与猫有助于穿透内心世界。说到底，绘画并非用来承载和展现故事的，它是受内在记忆驱使的，而画家需要始终服从命令，像一个优秀的工匠和伙计。正因为如此，我很反感把艺术家称作创造者。他不过是作为执行者，顺从地将得到的指令做出来而已。所以猫和镜子并不是出于我的意愿而摆在那里的事物，而是内心的需要。我和猫相处的经验证明了这一点：它们是我们房子里安静的精灵，尤其需要让它们能带着这份清净自由行动，它们住在木屋里享受着国王的待遇，哪怕过去我曾自称"猫王"！

80

  德拉克洛瓦的力量令我如此仰慕，这份力量源于他能够抓住事物的映像，捕捉到躯体的奥秘、眼神的奥秘以及静止时间的奥秘。在他的东方风格绘画中，没有任何诗情画意的东西，也没有像皮埃尔·洛蒂[1]那种异国情调的零碎装点。因而他关于北非的画作从本质上讲，并不是对东方风格的展现，而恰恰相反，是对他乡的表现。《德拉克洛瓦日记》试图讲述这些，而正是因为这一点他才是一位如此具有现代性的画家。也正是这样，他并不需要去现场作画，因为在绘画中所要传达的是事物的精神生命。对于这种全新的绘画方式说再多都不够，是这种绘画方式向20世纪的画家们展示了精神生命。要把握住这个通用于事物、人和世界的普遍概念。这就是德拉克洛瓦想要实现的。

过去我持续不断地接触意大利文艺复兴早期画家的作品，经常去卢浮宫参观，这使得一些震撼的画面被铭刻在我的脑海中，加入到我思考的熔炉之中。我的创作不断地从这里汲取养分，以便以另一种方式看待风景、人的姿势和面孔。因而，贝里尼[2]画的某位妓女（而且还对着镜子！）、劳维（Lauwet）的某幅版画、洛伦泽蒂[3]的《和平》（La Paix）和普桑的《秋》（L'Automne），在《好日子》（Les Beaux Jours）或是在《照镜子的猫》和《樱桃树》里以另一种方式获得了重生……万物一体，就好像有一条巨大的涌流或是不为人知的流通渠道，使得它们可以循环往复。和当代画家相反，为此还需要了解和掌握最基本的艺术史知识。没有记忆，就没有绘画。或者说当创作无视过往——这在我看来是滋养创作的沃土，那么就无所谓绘画。当我们临摹某位大师时，会震惊于其不事雕琢的朴素。我花了多年工夫才重新找到马萨乔和皮耶罗·德拉·弗兰切斯卡绘画中白垩粉的哑光感。毕加索是在我看来我们同代人中唯一一个渴望成为伟大画家的人，他了解自己的无知，能在德拉克洛瓦的才华前保持谦卑。和我一样，他在临摹德拉克洛瓦时也会唉声叹气：他会用第三人称来说自己，哼哼唧唧地说道："真糟糕！毕加索什么都不知道……"

所以获得知识，就是永远要知道更多。永远要走到更远的地方。要以无限的耐心，甘于沉默，下定决心牢记来时的路……

/1/ 皮埃尔·洛蒂（Pierre Loti, 1850—1923），法国小说家和海军军官，作品有《冰岛渔夫》《菊夫人》等，盛极一时。
/2/ 乔瓦尼·贝里尼（Giovanni Bellini, 1430—1516），意大利文艺复兴时期画家。
/3/ 安布罗焦·洛伦泽蒂（Ambrogio Lorenzetti, 约1290—1348），意大利锡耶纳画家。

一定要回顾过去，不过轻一点，就像春日的第一抹新叶，给看似枯死的枝条蒙上一层绿纱。对于这漫长的一生，我只记住了一些印迹，

81

只记得在我的某个朋友面前或在这样那样感动我的景象中感受到的友谊、善良与欢乐。我非常幸运能够遇到所有这些当时身处在世界中心的人们。尽管我的性格让我总是倾向于独处，但是我对遇见过、交往过的一些艺术家保留着闪耀的记忆。我记得阿尔贝·加缪是个极其亲切和气的人，我总能感觉到他内心很焦虑、左右为难，但是他的和善、他那灿烂的笑容会让人忘记他阴沉的一面。就在意外发生的前一天，他给我寄来一本他的书——我觉得是《堕落》（La Chute）——他题写的献词几乎一语成谶："向创造春天的你，献上我的冬天。"他目光中流露出的这种阴郁的光、他突如其来的忧虑、他发作起来的焦虑，我在1948年我们一起做戏剧《戒严》（L'État de siège）的时候就已经注意到了，许多年过去，这些症状只是变得更加严重了。我们感觉他就像是被生活折磨着，被某种他无法真正控制并且让他非常焦虑的东西吞噬了。我对这份工作印象很深。正是因为给这出戏剧设计布景和服装，我才有幸结识了保罗·艾吕雅（Paul Éluard）、让-路易·巴劳（Jean-Louis Barrault）和安德烈·马尔罗。那时的工作节奏非常紧张，而加缪却能把所有事情都安排处理好。他作为剧团的大团长干劲十足，他懂得如何引导演员，如何带领他们做事。当我得知他死于这场本可避免的车祸时，我感到方寸大乱。很多朋友都这样从我的生命中消失了，但他们的音容笑貌一直留在我身边。比如对于加缪而言,我是那个知道怎么"创造春天"的人。他欣赏我的作品是欣赏我坚定不移地拼命去表现美,不为风潮和那些冒险的创新行为所动。我的信心在于我挚爱的那些意大利大师,在于普桑那严谨而令人叹为观止的整体统一感,在于库尔贝所圆满实现的状态。当然,重要的不是去复制他们,而是从他们的作品出发,首先赶上他们,然后再向着开阔的大道前进。安托南·阿尔托由于一些心理和精神方面的原因常常对我感到怨恨,但他还是视我为兄弟,他说起我,说我画的"首先乃是光与形"。他没有完全说错。我用了一生来画出这种光,这装点薄暮与黎明的神圣光辉,这乳白的微光。这光我认为自己在诸如《飞蛾》和《穿白色衬衣的少女》中捕捉到了。光与形,这不是一场神圣的历险吗,一场神圣的海上前行?也许正因如此,相比于大海,我更偏爱山峦和峡谷,人们很少能看到我画的大海。山峰是我青春时所见的山峰,我把它们作为绘画的题材,而我的画则是为了赞颂致敬。为了在光线中探索。

我们一生不仅会遇到紧张和考验,还会有一些难以言说的圣泽时刻,我们要能够意识到它们的存在。博纳尔的绘画课,那是幸福的课,尽管我经历过失去幸福和被幸福抛弃,但我始终向往幸福。还有我和节子第一个孩子的夭折,孩子是在美第奇别墅的土耳其房间里死去的,当时房间里忽然照进金色的光。节子还记得这场震撼人心的经历，就好像在那四射的光芒中我们亲爱的孩子赐予我们神的启示，而他的灵魂升入天堂。或许正因为这样，我们如此笃信宗教，如此虔诚，坚信光的存在，我常常被它吸引住并希望能够捕捉到强烈炫目的光。所以绘画是一种接受恩典的状态。我们无法在绘画中全身而退。画家要配得上绘画。接受神圣的指令。甚至完全不要讲到自己。只听到画笔在鼓面般绷紧的画布上发出的沉闷、单调而又美妙的声响，向着光靠近。这个要求很少见，很难做到，还无法抵抗。有时，你以为已经画好了，画中一切妥当、圆满，周围的人也都满意，但就是觉得哪里不对，于是推倒重来。《土耳其房间》(La Chambre turque)就是如此，还有《照镜子的少女》(La Jeune Fille au miroir)的第三幅也一样，必须全部重画，因为画面撑不住，它变得七零八落，就仿佛光托住画面，也没有给它以支撑……

我们在罗西涅尔的生活全部都献给了绘画。只有接受绘画，接受这份神赐的礼物，我才能活下去。这种隐居避世有点像僧侣修行。不过我的这个隐居所是向其他人开放的。菲利浦·诺瓦雷来看我们时，我们多么高兴；还有博诺(Bono)，他应该是摇滚乐队U2的主唱，他面带喜悦，热情洋溢，殷切盛情！心有神明，一切都让人心有神明……

82

我意识到所有我曾了解和喜爱的人，那些可以当亲人看的人，都与生活和世界有着这样或那样相当神秘的关系。要怎么才能不一样呢？这就好比必须接受法庭的传唤，它是无法逃避的。于是我想到我的好朋友安德烈·马尔罗。我们两个的人生选择并不总是相同，但是他的身上有着一种热情、一种激烈、一种超越他自身的真实感。他对世界的洞察很锐利，锐利的意思是说无限极致。他拥有概括整合的能力，他能看到各个文化之间相交汇、相契合的点。他在吴哥窟的佛像上看到了兰斯大教堂天使的微笑。在他看来，艺术作品并非与一个特定的历史时期相连，而是被一条贯穿宇宙的无形线索联系起来，他说过，我们可以由此在意大利文艺复兴早期画家的名作和中国宋代绘画中发现相同的律动。我也同样秉持"万物一体"这个观点。因而，有好几次，我也用了中国画家的笔法来表现蒙特卡维罗的山顶，就像米芾和黄公望这些令人仰慕的宋代风景画家所画的那样。风景的"褶皱"都是相同的。我一直在讲这个类比的概念，在我还年轻，住在贝阿滕贝格时，就看出了这个显而易见的事实。中国已经在这里了，在阿尔卑斯山的高处，嶙峋的怪石中，在成片的冷杉林里……

马尔罗是个富有热情的人，尽管他没有像我一样信仰上帝，但他在内心深处是同样虔诚的。他尊崇艺术，主要是因为在他眼中艺术肯定地证明了人可以实现超越死亡的崇高伟大。这让他相信艺术承载着生命，是对抗死亡的真正办法。事实上是这个共同的信念，使我们心气相通。我一直主张面对世界和显然荒谬的人类环境，应该保持祈祷的姿势，唯有如此，才能让生命变得崇高伟大。我没有见过其他对艺术的定义像这样赞颂美，歌咏美，实现美。我画的少女们超越了死亡，她们紧致的肌肤、周身的光晕彰显出生命的活力。生命会走向死亡的终点，但它以这种方式得到了升华。马尔罗在1967年撰写《反回忆录》时，他的心境与如今的我是一样的。在这一生中，我刻意保持沉默，毕竟我没有什么浪漫传奇或者风流韵事，过去那么长时间，我拒绝了一切在我画室里进行的电视访谈，那么现在我也不会有失体面地坦陈自己的私生活。马尔罗也是这样想的。在撰写那部奇特回忆录的过程中，他曾经在罗马跟我谈了很久这个话题。问题不在于按照时间顺序吐露内心隐藏的秘密，而是要与自己进行一场私密的、直接的、难以预料的对话，就像与身边的人，与历史和艺术对话一样。我想要回忆起他曾经讲给我的方法，当年他在高大的黄杨树环绕的美第奇别墅——他让我在这里做了一段时间的院长——花园小径上漫步时，他常用沙哑而低沉的声音向我解释他的方法。我在这里有气无力地说出的话就只是一些低语，和着小调音乐说出的话，好像到了垂暮之年，当日子就好像是从死神手中抢来的幸福时光，还不用把时间留给死后再也无人动用的画架和未能完成的画作,这时不能太大声说话,而是应该表现出年岁带来的这份单纯的清醒和这种睿智明了,只回顾一些往事,回味几分昔日氛围,重温某些旧时刻。我们只能这样。

83

节子总说,罗西涅尔的木屋像中式住宅。地板、墙面到处都有木头的咯吱声;屋子一间间简单隔开,让人没有拘束感。我喜欢这个地方,在这里可以画画;它面朝无边无尽的群山,同时又封闭自足。听着莫扎特那些在喜悦沉醉的时刻创作的音乐,就是无以言表的幸福时刻,一个个音符落在木屋里,穿过窗户,消散在山谷里。节子就在我身边画她的猫和静物,有时在羊绒衣上绣一朵又一朵花。从我们一住到罗马时起,我就鼓励她画画。我给了她很多鼓励,她才终于决定画画。她很有才华,描绘实物极为细致——这显然是因为她来自日本。有时她闲来无事会给日本故事、传统的古老神话绘制插画;在我们的女儿春美还小的时候,她曾给她制作小玩偶,或者专门为她绘制连环画故事。我们想象不到这些能够对孩子的精神思想产生怎样的重要性和影响。我想到我母亲巴拉汀给过我的那些画册,特别是《胆小鬼皮特》(*Struwwelpeter*),它是19世纪的一篇著名的童话、恐怖儿童故事，有点像苏菲的故事[1]，但是更加残酷，甚至更加魔幻。1920年代初期，我非常爱读这本图画书，我后来的一些作品里还保留着很多跟这本书有关的痕迹。从过去到现在，我一直说我画的是早在儿时、在过去见过的东西。这一点毋庸置疑，人们甚至乐于指出这些古老神话和我某些画作中的静止场景之间存在的相似之处，比如我为《呼啸山庄》作的插画、《房间》（*La Chambre*）和《孩子们》（*Les Enfants*），还有《红色的鱼》（*Les Poissons rouges*）。实际上人们能在其中看到一些非常明显的呼应。

我的儿子们常常跟人说起一则小故事：我是从哪里看来的？从这些既凶残又滑稽的童书里吗？他们声称——但我从来没说过——有一天放学回家，他们跟我说要画一个老师要求画的主题，我不准他们画，说要是敢画，就把他们手指剁下来。这则关于"严厉父亲"的小故事既让我发笑又令我着迷……肯定是童年的模糊记忆。如今的童书被打磨得毫无特色，再不会那么有意思了！

/1/《苏菲的不幸遭遇》（*Les Malbeurs de Sophie*）为法国作家希刚伯爵夫人（Comtess de Ségur，1799—1874）晚年出版的一本童书，其中有一些残酷描写。

84

我们选择安家的地方总是显示出隐约而神秘的天意。这让我想到蒙特卡维罗。我们走访了很多废墟遗迹：不下八十处！没有一处能让我们定下来。然后有一天我们发现了这座孤立在古城壕上的古老城堡。就是这里，我们的家，这就是我们想住的地方！可当时蒙特卡维罗城堡还未出售。这显然很疯狂，那些庭院，各个楼层，一切都是残破不堪的，但我们知道，这就是我们要找的。我们停止了寻找。然后有一天，蒙特卡维罗可以买了。我们要在离开美第奇别墅之后住进这里，我们进行了大量的装修工作，照着当初修缮美第奇别墅的风格从里到外修整了一番。我让那些壁画重见天日，我找到一种复古颜色的石灰浆，我们给城堡配置的家具都非常朴实无华，选用朴素的织物和家具以便更好地衬托出整体建筑的雅致，哪怕这个建筑是封建时期的古堡。然而因为气候的缘故，我没能留在蒙特卡维罗：医生建议我去空气更干燥更新鲜的地方，以便养好支气管炎。就这样我们来到了我儿时待过的阿尔卑斯山一带。在罗西涅尔，我们再次受到了天意的眷顾。当我们发现这座木屋时，它并未出售，但是节子知道这里就是属于她的。她立刻表明她想要买下这里。这并非一时兴起，而是笃定这里是属于她的，就好像认出了某个过去已经居住过、到访过的地方。靠着这些信号，我们就能知道某座房子是我们要找的。为了买下罗西涅尔的木屋，我用几幅画跟我的画廊老板皮埃尔·马蒂斯换了些钱,因而罗西涅尔对我来说就相当于下面这几幅画的价值:《蒙特卡维罗》(Montecalvello),《入睡的裸体像》(Nu assoupi),两幅《站立的裸体像》(Nu debout),以及《画家与模特》(Le Peintre et son modèle)。我对这笔交易毫不后悔。它让我得以在年少记忆的风景所在地定居下来,在这里找回昔日的情感,找回一道特别的光,像是一种回归。也是因此我不曾离开过这些让我怀有莫大亲切感的上帝选定之地。就这样,我回到了自己的家,忆起了母亲巴拉汀,忆起了少年时的兴奋不安,忆起了我从未完全抛下的这份童年的激动,如今在这里它反而更加强烈了。完好无损。

人生就是如此。有时我们觉得远离了自己的家,但是在家范围之外的这场旅行反而让你重新回到了最初的地方。我们走得越远,从某种程度上说,就越回归原点。在意大利旅行和发现皮耶罗·德拉·弗兰切斯卡的作品实际上让我与童年的这片土地重新联系起来,重新唤起它所激发的想象。在罗西涅尔,我们享受着工作与清净带来的平静安宁。这种生活方式,用普鲁斯特的话说,就是"追忆年华"。

85

因为毕加索，他买过我的画作《孩子们》，我得以在有生之年让作品进入法国国家博物馆的收藏。我们两人之间有着不为人知的默契，我们的友情非常深厚，但是并不溢于言表。然而我们的实践方法是不同的：他绘画会毫不犹豫地增加各式各样、迥然不同的体验，而我却更注重进行同一场神秘的冒险，不会越界。我对于童年以及童年的魔力和秘密的探索让他很感兴趣。他当时对我说了很多溢美之词，他说得太过恭维了，以至于我全部都没记住。毕加索喜欢我是因为我与众不同，因为我极其孤独，而我保持孤独是因为我知道它对我的工作来说是必要的。我记得那是在 1948 年。我们曾在 1947 年在儒昂湾遇到过，而后又在巴黎见面。我感觉跟他很相近，因为在我看来，我们都受到内心需求的引导，坚守自己的信念。他是保持灵活多变和无拘无束的好奇心，我是保持内在的探索，守住耐心和宁静。毕加索身上必然有种极其虔诚或者说仪式性的东西。像太阳崇拜或是希腊正教会那种。我的意识状态则更加阴郁，更加带有挑衅意味。我想起 1945 年给安托南·阿尔托画的肖像。他从罗德兹（Rodez）回来，整个人几乎完全疯了，他指责我把他对自己感到厌恶的那部分画了下来。"你那可恶的潜意识"，他写道……

对于我所捕捉到的，阿尔托不认可自己的那一点，我的手只是一个向导。而我的手只是把我——当然是在没有意识的状态下——隐约看到的东西原原本本地画下来。我确信，我们只能在这种粗暴的压力之下绘画，只有它能够走向真实。

86

当里尔克1926年在瓦尔蒙疗养院去世时，我16岁。由于他对我产生过暗暗的影响，这件事显得更严重，而我当时的性格也变得更阴郁了。里尔克去世，就好像我的一位守护神消失了。我对父亲埃里奇·克洛索夫斯基·德罗拉怀有极大的仰慕之情和父子之爱，以至于我母亲在离开丈夫之后找到的这位伴侣无法取代我父亲的地位。但是里尔克向我展示了夜路的路线，他让我喜欢上这些狭窄通道，需要钻过去才能到达开阔处。16岁时，我好像已经献身于绘画了，坚信自己这一生除了绘画不会做任何其他事情。一切将与此有关。很早我就明白，需要再造一切，需要创造一切，再造是指儒弗所说的从过去重新发现一切，创造是指带上全新的、单纯的目光。我隐约感觉需要实现某种广阔无边的、高贵的、极其雄心勃勃的事情，而这样的事任何学派、流派和现代潮流都无法带给我。我是以这样的状态拿起画笔的，年轻而真诚，我知道在这个未知的领域不仅有狂喜和幸福，还有怀疑、焦虑和令人痛苦的崇高精神。我从来都会毫不犹豫地对一幅画推倒重来，哪怕我认为它完成了。我画得慢并不是完美主义，而是为了尽可能靠近这种隐约可见、引人猜测、被人捕捉到的真相。我在沙西度过的有点儿简陋的生活常常引得我的儿子们让我多画一些。他们年纪尚小，以为画得多，日子就能过得更好。这种天真的想法与我的理想抱负差得很远，我对此一笑而过。绘画很明显既不是生意也不是时尚，而是一场必要的、残酷的个人冒险，这场冒险的结果在于看到无法言说的美。尤其是神秘的作品。否则画家为什么甘愿忍受那么多挫折和贫困，为什么把全部的时间都奉献给这项崇高的苦难？"奉献"这个词很准确，因为画家的工作与神圣的事情有关。如果没有这个精神维度，没有这种对世界奥义的不断探索，绘画就仅仅适合随机的冒险和严苛的时尚。

我总是觉得自己的画没有画完，还有需要修改的地方，以至于节子常常想要把画从我这里抢走，让我停止这种拼命修改的习惯。虽然我已经成功获得了人们送给我的很多赞美，但是我会认为我的大部分画作都是彻底的失败之作，我没有过度谦虚或自欺欺人。对此我已经肯定地说过了。我在作品中还发现了很多欠缺，尽管预感到了却无法实现。总有一天需要下定决心把它们丢弃掉。不过，扔掉也好，毁弃也罢，真要去做时，心情也是绝望的。接下来的画作就像是另一条通道，用另一种方式来画出预感到的东西，画出对美的直觉，这种美，皮耶罗·德拉·弗兰切斯卡、普桑和库尔贝显然都实现了。

"通道"（passage）这个词甚至被用在了我画的一幅画的标题里，即1952年画的《圣安德烈商廊街》(*Le Passage du Commerce-Saint-André*, 1952)，从某种程度上说，这不正是我尝试探索的标志吗？关键在于通过，也就是穿越过去，才能产生交集。

87

画家总是要发挥敏锐的视觉。就是要超越现实所呈现的东西，而这份"超出的东西"已经在现实之中了。必须要拥有这种锐利的目光。因而我们从不停止观察，一直保持着视觉上的专注状态。而且哪怕像我现在这样视力减退了也没关系，重要的是保持内在的观察。以此来深入了解事物，并且确信它们是鲜活的，拥有不可思议的饱满灵魂。这就是为什么我认为绘画在本质上是一场带有宗教性的冒险。例如像蒙德里安抛弃了风景画和他画得那么出色的树木，转而去画五颜六色的小方块，实在令人瞠目结舌。因为智力至上和世界的抽象概念化，绘画最终变得贫乏枯竭，并由此变得更贴近技术。比如去看看立体主义画家的飘忽不定的作品和瓦萨雷里[1]的光效应绘画……

要画出娇嫩的花瓣、懒洋洋的猫和慵懒的少女需要无限的耐心，而现代生活的匆忙与此毫不相关。一打开电视，世界就尽在掌握，这种令人恼火的习惯或许违背了人和事物的本性。我有时坐着旧式的四座马车去家附近的山谷兜风。马匹缓步前进，让我有时间观察，让我处在作为人的维度里。要怎么才能在骚动和喧嚣中实现和捕捉到这种"将及未及"的美呢？重点不是要谴责现代生活，而是要忠于传统遗产。画家崇高的使命，或者可以说他注定的命运，就是与世界的旋律相协调。必须要感受事物的颤动，感受到那表现出时间流逝的斜射光线氛围，感受到相互联系的不同层次。这在本质上是一项宗教性的工作，它的结果在于让这浩瀚而神圣的世界感受到狂喜。

我已经说过了，在任何一次开始动笔之前，我都会在画布前祈祷。琴斯托霍瓦的圣母——她曾在我祖先所居住的波兰地区显圣，温柔地守护着我。她的圣母赞歌是在天使显现时唱的，这是最重要的一首弃俗向神的颂歌，也是最为丰富、最富有创造力的其中一首："我的心，因拯救我的神而喜悦"，玛利亚唱道。绘画应该类似这个显圣的场景。让世界的秘密、童年和青春出现。让光出现。

/1/ 维克托·瓦萨雷里（Victor Vasarely，1908—1997），匈牙利裔法国艺术家，光效应绘画的奠基人之一，也是欧普艺术的杰出代表，被誉为"欧普艺术之父"。

88

对我来说，阿尔贝·贾科梅蒂是所有朋友之中最迷人、最可爱的。如果说在画室里，他主导着我的画中内在的动势，引导它慢慢完成，这会是个偶然吗？他的照片就在我的扶手椅后面，正对着画架，仿佛在看着我，让我回想起曾经的长谈，谈话中我们并不总是意见一致。

贾科梅蒂认为绘画可以是探知人与自然的一种无尽的方式。这就是为什么在画了一段时间超现实主义作品之后，他又重新画起肖像。安德烈·布勒东把这看成一种背叛，一直没有原谅他。而贾科梅蒂坚持画他自己的。我们在此走到了一起。我们都渴望看透身体、脸庞与花朵的秘密。

超现实主义画家当时很鄙视这种画法。在他们看来，一切都发生在别处：在梦里，在无意识的写作中，在幻影里。贾科梅蒂的创作带有些许宗教性，有极其神圣的色彩。这令我非常感动。"所有人都知道头是什么样的。"布勒东对他说，一边用手背扫过贾科梅蒂的画作。而贾科梅蒂以一种令人动容的谦逊答道："不，我就不知道！"他的素描作品非常真实，他懂得如何表现出模特当时在环境中的优雅。他将古人非凡的精确严谨与片刻间激烈的情感相结合。既是短暂停留又是永恒。像安德烈·布勒东这样的人怎么会懂这种强烈的张力呢？

贾科梅蒂是热情的、友好亲切的、极其慷慨的，这使得他没有被1930—1940年代盛行的宗派思想、时代风尚以及所有的偏执所裹挟。他的单纯和那种贵族的高雅让我尤为喜爱。我很想念他。

89

我的特别之处在于我既没有被抽象绘画诱惑，也没有向超现实主义屈服，因此无论是安德烈·布勒东还是抽象主义画家都不曾赏识过我。不过我没有为此生气，我性格中希斯克利夫的一面把其他人也都得罪了：因为疑心病重而且又忧郁，我几乎没有接到过画商和画廊的邀约。有一段时间这令我很绝望，那么多的工作，那么多的力气付于沉寂和孤独……但是我相信我的运气，这在于热忱，在于内心的坚定。我不愿屈从于抽象绘画，因为就在我创作具象绘画的时候，我认为我已经触及抽象绘画了，我尝试着在画布有限的空间里表现出绘画主题内在的、隐秘的结构。比如你可以去看我画的沙西的风景，农庄小院，或是远近不同视角之下田野、耕地等梯级排开的景象。再或者从窗户里看风景的年轻姑娘：绘画的布局方式与抽象画很相似。在塞尚的作品中可以很明显地看到具象和抽象的结合，而在我看来塞尚并不仅仅是位具象画家。他直接触及绘画主题的实质，表现出内在的、有力的线条，而这不再是对自然的重现。过去抽象画家们在制定规则的时候不曾花力气来搞清楚由塞尚最先实践的这种集大成的画法。我之所以敬佩他是因为他用自己深奥的数学法则来重构世界，但是他没有真的将古典画家们在这方面的进步贡献遗忘掉。例如让我们来看皮耶罗·德拉·弗兰切斯卡，他早已经明白了这种使绘画抽象化的布局结构。这种内心的复杂炼化。而这应该能让画家们变得更谦卑些，也更谦虚些……

90

这份谦虚、贵族式的单纯是我认为在艺术家身上应该有的，而我在好友克劳德·罗伊（Claude Roy）身上看到了，他在几年前写了本书，探讨我的画作。他分析事情精准恰切，拥有昆虫般的敏锐细腻，见到他让我感觉如沐春风。他学识渊博，能看到事物之间的关联，他完全理解我所指出的东西方艺术之间的相似之处。他可以细致入微地欣赏中国诗词，我们常常就此高谈雅论。从60年代起我们就是朋友了，有一天，他来美第奇别墅找我，我们不无幽默感地翻阅起词典里关于"巴尔蒂斯"的词条，上面的定义令我们开怀大笑，我想那是《罗贝尔词典》：编者用glauque [1]来形容我的作品……这个词要表达什么意思呢?假如它的意思真的是"青绿色的",我们没看出这跟我的画有什么关系。这个词是不是更可能取的是其道德层面的含义,也就是邪恶的、不正经的、处于暧昧不明的世界中?这个形容词肯定是按照这种意思来使用的。不过看到这种对我的画所产生的误解,我反而感到好笑。我私下里注意到,眼见有人这么看我,我也不是全然不快。我为少女们画了那么多素描和肖像画,以至于后来故意画出饱受争议的《吉他课》,这些入画的少女可能揭示了一种强迫性的、色情妄想的态度。我一直对此否认,我只从中看到天使般的圣洁形象。不过我的一些朋友,从阿尔托到巴塔耶再到儒弗,他们的作品世界并不完全是单纯无可指摘的。这些联系并非偶然。由此便很容易进一步联想到他们的作品世界和我的作品之间存在某种联系。

实际上,我更相信人有深刻的两面性,我在工作中要求像大师一样完成画家的任务,这种要求带有一些宗教性,类似禁欲苦行,甚至带有詹森主义[2]的色彩。我孤独不合群,用儒弗的话说"敏感多疑而愤世嫉俗",这让我想到头脑中萦绕着绝对和理想的唐璜所流传下来的精神。这种模糊不清的状态既不肮脏,也不病态。只有部分的渴望和部分的煎熬。

而当我谈到天使,谈到我画中一些少女撩人的美,还应该不要忘记最光辉闪耀、辉煌而又堕落的天使,魔鬼路西法!

我画中的那些少女，她们青春期发育中的身体显示出这种模糊不清的状态：幽暗的光和明暗兼具的光。不过我认为我的绘画所留下的影响不是来自愤世嫉俗的唐璜，更不是源于虔诚的天使主义。我像拜伦，也像《呼啸山庄》中狂暴而耿直的主人公，在明与暗中，寻觅纯粹的自然印迹。

/1/ glauque 这个词在法语中既可以形容"青绿色的，海蓝色的"，也可以形容"肮脏的，阴森的"。
/2/ 詹森主义是罗马天主教在17世纪的运动，由康内留斯·奥图·詹森（Cornelius Otto Jansen）发起，其理论强调人类的全然败坏、恩典的必要和宿命论。

91

对画家而言，光是难以把握的、不可违逆的，而又一直是被人竞相争取的，因为是光照亮了脸庞，让其显得美妙绝伦，带有神性。我一直在绘画创作的过程中捕捉光的此种秘密，比如我在侯昂庭院透过画室窗户画外面的风景时，或是画科莱特的脸庞时，我再现了我所看见的，就像所展现出来的一样，纯粹的光线，而人物光彩熠熠在光线的中心。这幅画像每天都守护着我和节子,它是我在创作过程中不由自主画出来的,是在不知不觉的状态中,以一种极其神秘且极其玄妙的方式表现出来的。节子在1993年把这幅我作于1954年的《科莱特侧面像》(*Colette de profil*)买了回来。科莱特是在沙西为我工作的一位泥瓦匠的女儿。此后,这幅画被挂在客厅里,再也没有离开过。节子很少回购画作,而这是其中为数不多的一幅,但这幅画对我们而言就像是守护神一样。画像捕捉到一种内在的、精神性的光,可以说是天使的光芒,在我们喝咖啡时、用茶时、小憩时、和亲友小声闲谈时,都仿佛散发着神圣的光辉。或许绘画的关键就在这里:画出这种难以企及的、需要绝对全神贯注才可以看见的光。我一直尽力去了解这种光,去留住它的力量,我想知道它是怎样孕育出每样事物的,我们怎样才能维持住它的生气活力。因为是气构成了一切,我们需要画的是无形的振动的气,只有抓住气才能成画,让画作存在。气和光线尽管无形,但是它们的影响无处不在,无论是间接的还是直接的。德朗的站立画像如此,飞蛾在同名画作中狂热、冒险而感人的扑飞形象亦如此。气与光的共振形成画作,它们是绘画的主要对象……

92

在我5岁时,父亲和巴黎所有算得上拥有创新思维和出众才智的人往来,从莫里斯·德尼到安德烈·纪德,那时我知不知道这些人将会给绘画艺术带来变革,他们会被称作光与气的画家,而我将靠近他们?当然我想到的是塞尚绘画的轻盈,博纳尔画面的通透,以及莫奈所做的对光的描绘。我还记得1913年父母带我去普罗旺斯的宋洛奈(Thoronet)。我们住在某位雷伊先生家隔壁的农庄,他是塞尚的朋友。言谈间,我听到一个词被反复提及,"塞尚,塞尚",在当时的我看来,这个词显然和绘画没有直接联系,但是很奇怪这个词一直回荡在我的脑海中,以至于我总是听到这个词,它就好像一句魔法咒语一样。"塞尚"听上去像是"芝麻开门"里的"芝麻"[1],一说出口,一个陌生世界就打开了门,唤我进去,让我感受到无限的情感。博纳尔是我们家的至交,父亲非常喜欢他,而且确切地说,也因为他始终坚持和我们家来往。第一次世界大战爆发的时候,我们不得不离开巴黎,而后因为父亲投资失利,我父母破产,我们的所有家产被拍卖,是博纳尔买回了一些我们的私人物品,送还给我们……尽管博纳尔并不是我在绘画上专门的老师,但是他扮演着很重要的角色,他对年幼的哥哥和我非常亲切和善,他很关心我们稚嫩的作品,我一直很尊重他对于绘画精确性的在意,这种精确当然和那种庸俗的现实主义无关,但是能够传达出事物的本质,一片雪花或霜花的质感、冬天里瑟瑟发抖的斑鸠、清扫过的道路和雪，他都能够画出别具一格的特色。

在我小时候，有一天，我们一家人去吉维尼（Giverny）拜访博纳尔。当时那个村庄人声鼎沸，画家们受到克劳德·莫奈鼓舞，纷纷来此定居，我们每走一步，都能看到画架。那天下午，马克·博纳尔进来告诉他父亲莫奈意外来访。一屋子人都非常欢喜。我还记得那是一位留着大白胡子的老先生，我对他的胡子很感兴趣，产生了极深的印象。

我沉浸在这样一个如此丰富、适合复兴艺术的时代，而法国就是迎接艺术复兴的地方。有这样得天独厚的条件，我怎么可能不受内心的召唤去绘画呢？我在童年时期经历了这些平静和幸福的时光，莫奈和博纳尔曾在画中精彩地表现过这些时刻。我们所被迫经历的战争和流亡让我产生对亲人的分离与思念之情，让我害怕孤苦无依，让我感受到一切都是过眼云烟的痛苦感觉。然而，我必须承认我的童年是很幸福的，我享受到母亲巴拉汀的慈爱照顾和父亲在学养上的严格管教，还有后来赖内·马利亚·里尔克的认真倾听。我一直不想与这些失去联系，相反，我在努力对其进行强化。因此，可以说，我从来没有离开过童年：也许正是因为如此，我一直坚持不懈地画着花朵，以及花朵一般的少女。

/1/ 法语中"塞尚"（Cézanne）和"芝麻"（sésame）发音近似。

93

"要想不变成老小孩,最好的办法是一直做个孩子。"对于那些问到老年以及我很强调的童年精神相关的问题时,我常常这样回答。年纪大对我而言并不是一个尖锐和痛苦的问题。当然,发现自己视力下降或者需要靠人帮忙才能上楼梯或者去画室,这样的事并不特别容易接受。我承认,有时候,当我急需帮助,我的声音会像雷鸣一样穿透木屋的隔板。但是四季很美好,每一个从黑夜那里赢得的新的白昼都让人惊叹,无论晴雨都能挽着节子的胳膊出去散步,活着始终是值得的。到了我这个年纪,我变得话很少而且时间被浓缩了,表现是明显身体变差,活动也更加不便,不过实际上此刻的人生也变得非常强烈、宽广和真实。每个小时、每个时刻都感到一种无法言说的充实圆满,那些事情尽管没有完全解决,但都显得温和而平静。只剩下唯一一个固执的、紧追不放的对于绘画的渴望,我想要继续画画,用尽我的力气把着手创作的作品继续完成。我会一直画到上帝觉得是时候让我离开人世去找他为止。每天在画的这幅画,我将永远不会看到它完成吗?它会完成的,不过是按照我一直以来绘画的速度来进行:缓慢并且听任隐秘法则的引导,因为从某种意义上说,是上帝决定了绘画创作。任何偶然的或是跟我匆匆流逝的生命相关的急切事情都无法让我的画、让这种带有宗教性的活动加速完成。有时一想到如果我的画作从来都没有画完过,那么这幅画也将无法完成,我会感到焦虑不安。即使不算完成，但至少可以离开画室，和其他画放到一起。但是很快我又找回了我所追求的平静。画作会走向它应该去的地方。

这份内心和精神的平静很大程度归功于节子。有她在，我会感到充实，对于所有这些因为上了年纪而必须承认的失落和不幸，她能为我带来安慰。

这令人惊叹的白昼、流动变化的光，要尽可能长久地保存。

窗户是特别适合来捕捉这种光线和它的变化的。有人说我们的木屋有超过一百一十扇窗户（但我从来没有真正去数过，我就愿意按照别人说的来转述），我画过其中的很多扇，它们见证了我对世界的惊叹，这种惊叹我总能在看到眼前呈现的风景时感受到：在沙西、尚普罗旺和侯昂庭院。没有罗西涅尔，对它是另外一种感觉，我自己也不太明白。或许宽广辽阔的湖滨高地区本身就足够好了，它不需要被呈现在画布上。我没有画它。因而我画中那些窗前的少女、那些放在窗台上的水果、那些在风景画上起伏的山峦引出无限的世界，也就是里尔克所说的"敞开"，向着世界"敞开"。画家面对的是巨大的创作工程，需要找到其源头和基本点。我的风景直接从窗户的孔洞之中呈现出来，占据了画面，它们以这种方式与那个极其遥远、极其深刻的"自我"交汇。我一直努力画下事物回归其深邃基本点这个神秘而玄妙的过程。如果我只着眼于当前风景之美，那么我就会画成最糟糕的具象绘画，变成对诗情画意的风景或是异国情调的描绘。但是我所追寻的是别的东西，它来自内心而归于内心。将风景画转化成与其相反的东西，转化成隐秘的洞口，这种缓慢的演化过程无法用语言来解释。也无法解释这种渴望的变化，它将我们带到原始而神秘的地方，这里必定昏暗漆黑，但我们却心向往之。因而绘画就是努力去触及世界的深处。我经常运用意大利文艺复兴早期画家的绘画技术（用石灰、白垩粉、蜡制造效果），它们揭示出这场走向深刻、走向远古记忆的旅程。走向"敞开"，去靠近，时而抵达，抓住悬宕的刹那，回归流逝的时光中。

要表现这种时间的流逝，再没有比意大利人的这些最为久经考验的绘画技术更适合的了。我曾想通过绘画表现某种失重的、悬置的状态，我刚刚所谓的悬宕状。在作于1956年的《梦二》

（Rêve Ⅱ）中，客厅里，一个少女在沉睡。一个苍白的女子，其身姿有如古罗马供奉灶神的贞女。她穿过客厅，手里擎举着一枝火炬一般的金色花朵。这朵花是我惯用的一种精神手法。关键在于表现出这个带有神秘事物的梦境片段，表现出某个瞬间。这是某个疏离的时刻，在这一刻里，事物现出别样的意义。对此，画家无需去寻求解释，只需展示即可。

如何才能做到呢？如何呈现这个瞬间，将它的厚度、它的鲜活以及它不为人知的力量表现出来？我一直欣赏意大利文艺复兴早期画家那种既轻薄又厚重的哑光感。他们能够表现出一种不带光泽的透明感，一种明亮的沉暗。我这里的用词自相矛盾，因为很难把这些解释清楚，我痴迷于这种埃德加·爱伦·坡所称的"乌有的秘色"，它可能是时间的颜色。或者是一段被掩埋的时间的色彩，在废墟之下存活着，就像童话里的睡美人醒过来，尽管因为沉睡太久而感到有些疼痛，却依然活着。

例如乔托和马萨乔的壁画艺术就能够同时表现出沉重与轻盈、流畅与迟钝，一种昏沉与飘逸兼具的状态，有点像巴赫的赋格曲，变奏、行进的乐章流过，只为让华美的歌声，那只"金苹果"，在某个时刻迸发。

在酪蛋白、石膏粉和灰泥中加入研碎的颜料，这就是古老的蛋彩颜料制作配方，这种画法可以表现出空气与时间的微妙感觉。要达到我理想的效果，我就自己去重新发现那些古老的方法。人们明白为什么大部分当代画家使用的现成的丙烯颜料在我眼中显得那么荒谬。靠这样的方法，要怎么画出你想画的神秘与梦境？如果我用了这种如此快速简便的方法，那么在1954年画的《睡着的女人》（*La Dormeuse*）中我怎么能捕捉到这副"睡容"呢？

从女骑师（1941）到与德拉克洛瓦室内阿尔及利亚女人相仿的穆斯林姬妾（1959），从沉睡的少女到做梦的少女（1955—1958），从汁液饱满的水果（1983）到轻颤摇曳的蝴蝶（1959—1960），我画过的这些形象，都是一样的情况：都表现出了人与物的魅力和缓慢的迟重感，表现出他们所具有的另一重生命。是天使翅膀振动的那种狂喜。天使飞过，那振动亦让人感觉到翅膀的脆弱和沉重！

谈到天使，未必是说宗教与绘画相关。这两者之间真正的联系只在于它们各自与无限、无形的一切相关。在我年轻时，人们并不懂我，批评家和当时"做"绘画的人按照各自的意愿或强烈谴责，或极力吹捧，或禁封我的作品。当人们沉浸于脱离现实的惬意中，把我称作具象画家，他们无法想象我的绘画在塑造形象之外还有另外的目的。而我通过认真研究古代画家的作品，很早就知道了这一点。无论在西方还是在东方，绘制神圣宗教绘画的大师都不仅仅描绘具象形象。当然，他们有指向性，他们展现形象，但他们尤其意在让人看到另外的东西，他们的绘画把人们的目光带向自身，去思考并重新审视精神上的重要问题。事实上，如果只是呈现具体的事物而不能引起内心的共鸣，那么绘画便没有意义，也没有创新性。中世纪杰出的绘画和古印度绘画都只是在传达一种内在的宗教观点，它们展现事物是为了揭示道理，画布上所呈现的东西会把人带向内心的思考和精神的升华。带来蜕变。在这种意义上，绘画与宗教相交汇，它们两者都是实现转变的工具，都能通向修炼演化。

有时候，当我凝视一幅画，我会很确信忽然面对着某种辽阔无边、极其巨大的东西。画中人的脸会突然裂开，让人看到惊人的、壮阔的世界。就在这时，我便仿佛灵魂出窍，置身圣地。画家就是要努力达到这样的境界。否则，他的作品仅仅是技术和技巧而已。虽然技术也能推动他在这条道路上前进。

97

我有一些画作本身就是我的自传，因而我有理由停下这部回忆录，我相信长久以来我从来只在绘画中表达过有关自己的这么多事情。我就拿沙西和蒙特卡维罗的风景画作为例子，我确信它们概括了我是怎样的人，我内在的心路历程也通过绘画的形式获得了意义。我在这种内心的整合过程中看到了我的绘画圆满完成，融合了中国绘画和法国绘画，普桑、宋朝山水画和塞尚：这是真正神圣而神奇的事情，由此将不同文明、不同年代融合到了一起。那些画也让我看到自己个性的诸多方面，我不合群而且暴躁，但与此同时我很关心柔软的事物。也就是我的童年，我年轻时的旅行时光，以及到如今我在罗西涅尔的生活，尽管我的行动受限但生活还是广阔而无限的。

年龄和四季从不停歇的交替轮转都无法让我暂停与绘画之间的对话。只有死亡能让我停止每天去画室的日常。眼下，品味醇厚的烟草，看着创作中的画作，好好工作，像所有虔诚的基督徒一样，完成来世间的使命，便能感受到无尽的喜悦。

总之，我只是我自己。我忠于我所知道的事情，忠于古代大师们的遗产和他们的技艺，忠于我的童年和我的文明所创造的事物。我从来不会被蛊惑人心的言论主张所哄骗，我所在的时代和同代的人们非常喜欢时尚潮流和异想天开的审美趣味，但我从来不会被这些裹挟。我可能会显得顽固不化而且叛逆倔强，但是我只做自己想做的事。或者说我只按良心和本性的指引做事。我只服从于手的指示，只服从于神明让我看到和让我记录的东西。我敬仰法国的伟大画家，因而我的作品是古典主义的，但同时我内心中像希斯克利夫的一面让我的作品也带有浪漫主义色彩，而我一直避免被归入流派或团体，学派或沙龙。我在这条孤独的道路上创作着我的绘画，在这里不允许任何长篇大论，只为直达事物的本质。这就是我为什么从不评论自己的作品，不过，我的作家朋友说，这些画作是文艺评论的好材料。但是所有的解读都是事后的逆推。绘画是从不自明的东西出发，看着它被画出来，其过程几近神奇。这是在见证无形的事物，一场既是偶然却又命中注定的冒险，一个真正的宗教意义上的奥秘。画作《照镜子的猫之二》和《起身》(Le Petit Lever)里发生了什么？画家并不知道场景的含义，他只是把他必须要画的内容呈现在画布上，这是他个人的模糊记忆、他的绘画知识和技巧以及前辈画家影响的结果，而那个爬上梯子去摘樱桃的少女很像那个在普桑那幅阿卡迪亚风景画里做相同动作的女孩。对于这些还要再说什么？唯一的目的是为了表现美，实现深层的精神之美，远离尘世的画中之美。

　　正是这种迷人的冒险构成了绘画，让它一直向前推进。从表面上看，好像什么也没有，只有一块铺展的画布，几支画笔，一些油彩管，一些颜料罐。一切从这里开始。不应该依赖诀窍或者惯性。而应该找到源头和发源地。绘画是要每天都回归本源，汲取养分，汲取光。

99

　　这种光以及它的纯洁之感，在春美还是个小姑娘的时候，我也曾见到过：那是无比奇妙，仿佛在时间之外的幸福时光，当时我和节子在偷偷地准备为我们唯一的女儿庆祝生日。节子总喜欢讲日本传统的故事，在这些不可思议的神奇故事里，孩子会遇到最可怕的龙，会接近流星，那些奇异的事物都变得合乎情理了，就像《爱丽丝漫游奇境记》里写的那样。节子用木头和面团制作了小塑像并给它们做了衣服，然后我们演起春美喜欢看的戏来。我们把莫扎特歌剧里的著名乐曲和日本的传统人物结合到一起，我又是唱，又是讲，一切显得那么自然。春美带给了我们这种纯净无邪的美，它流动且轻盈，温柔又宁静，就像我曾经画过的一幅画中飞蛾飞进了熟睡少女的房间的那种感觉。

100

每当我轻声说出这些话，我很清楚这些只是人生的一些记忆碎片，而这段人生中更丰富更浓厚的部分我都只有通过绘画表现出来。的确，这里没有费里尼带给我的灵感，也没有马尔罗给我的灵感，而只有这些从老年残存的记忆中抓取的只言片语，它们是在我这一生中还没有被表现到画中的东西。为了让自己安心地进行这项回忆工作，我想到圣女小德兰在谈到她的人生时说的话："盛满的顶针和盛满的酒囊一样有价值。"[1] 重要的是容器所盛的内容是盈满的。我希望这部《回忆录》（尽管回忆录这个词在我看来显得太郑重了）也能像圣女小德兰说的那样饱满充实。我在尘世中度过的这段时光感受到了绘画带来的振奋，我受到绘画的感召承担起这一使命，再没有其他事情像绘画一样让我献身其中，顺从地完成绘画，修改润饰画中的主题，我经历的绘画就好像是在认知学习的这条无穷无尽的路上更进一步。每一幅画都像是一把钥匙，可以去解开秘密：这种拼命奋斗的奥秘，这种萦绕心头束锁的秘密，它既令人惊叹，又冷酷无情！

事实上，我的一生就只是这样，没有别的。那些以为我会费力编造传奇故事的人将会大失所望。没错，就只有这样的一生，这样一个画家面对画布的故事，这样一场战斗和他为了看得更清楚、理解得更深透而编织起的联系。我一直深信东方的智慧，相信东方的朴拙。就像中国山水画家石涛所说的："天之授人也，因其可授而授之。"/2/ 因而画家必须始终保持这种状态，去接受，去付出。

/1/ 圣女小德兰（Thérèse de Lisieux，1873—1897）这句话有专门的宗教内涵。据她在《灵心小史》（1898）中回忆：幼时，德兰无法理解圣人和凡人如何能在天堂得同样的喜悦，她以为，圣人更神圣，理当更喜悦。为了解其疑惑，修女拿起一只玻璃杯和一个顶针，都用水装满，问她哪个装得更满，德兰回答"都装满了"。修女解释，灵魂也是一样，修行或信神不是为了比兄弟姐妹更伟大，而在心满。另外，此处的顶针与做针线的顶针不同，大小如顶针，杯状不镂空，瓷质或铁质，如今也用作纪念品。

/2/ 见《苦瓜和尚画语录》之"兼字章第十七"。

101

我常常想起夏尔·佩吉在《我们的青春》（*Notre Jeunesse*）里的话，他说他那一代人"像一群有点脱队的后卫兵，有时几乎是被甩掉了。一支无依无靠的队伍……我们会是这个历史时代的档案、化石、目击者、幸存者"。作为画家，我的职责是努力保全色彩，是的，去表现那些意大利画家曾用来渲染画面、传递奇妙事物的色彩。现代社会充满死亡和人造产物，人们甚至已经让色彩变了质，色彩被扭曲，变得生硬且毫无人情味，而色彩本来应该是超越可见事物通向彼岸的途径。这个时候要怎么留住那些令人惊叹的色彩呢？

我想到第一次世界大战时在战壕中令那么多人丧命的黄色的芥子气，还有集中营里屠杀犹太人的蓝色毒气。我们造出了杀人的色彩，让它们成了死亡的种子。发挥历史档案的作用，就像佩吉所说的，拒绝工业色彩——死亡与冷漠的源头。去重新发现天空的蔚蓝、田野的金黄，去发现乔托用白垩颜料画出的蓝，以及普桑笔下摇曳麦穗的黄。贾科梅蒂沉醉于脸庞和花朵，沉醉于它们那不可企及的神秘。画家的工作便是去迎接这些秘密，迎接这种未曾抵达的鲜艳饱满。

我觉得自己的追求和责任就在这里，在这条寻找早期色彩的道路上。我反复强调，要一直留着这条路，永远别走偏了。要一直跟着莫扎特的铃铛声。

102

对我而言，我的目标和动力从来不是别人的敬重、官方的荣誉、公众和批评家的认可。我一直不看重成功。重要的是在追寻美的路上独自前进，不要走偏，因而我从来不追求成功。我是在不知情的情况下获得了别人的认可，甚至有时候，我都觉得自己受不起，比如波兰的一所大学授予我荣誉博士学位。我一直都只是个离群索居的人，年轻时四处漂泊，我从实践中学到了一切，从来没有上过任何一所学校，我并不是觉得自己配不上，而是感觉这既好笑又讽刺！绘画是让人谦卑的历险，因而在我看来因为绘画而获得一些学术头衔是不太合适的。是我的好友、波兰大主教古尔比诺维奇[1]说服我接受了这个荣誉。就当作对波兰血统和父亲的纪念，他说。

主教会来罗西涅尔看我们，他极为健谈，谈到基督教信仰时，总是精确实在。节子在学习基督教的入门教理，正准备受洗礼，而主教带给她许多教益。

回到我之前的话题，绘画是一种带有中世纪宗教性的行为，就像是带有进步性的一连串内心壮举。怎么可以满足于世俗喧嚣，甚至去制造喧嚣？我的种种人生选择并非出于愤世嫉俗、厌恶人类，而是为了独处，去找到万物孤僻怯生的本心，找到最难以解开的秘密。无论是巴黎还是对名誉的追逐都无法满足我这份极深的渴望。要想画出有意义的作品，需要沙西那种乡村的宁静，需要侯昂庭院画室的那种朴素，需要蒙特卡维罗的那种庄严质朴，需要罗西涅尔的温柔。我认为我的每一秒钟都用在了绘画上。一切都是为了和绘画相关。这是个神圣的故事，是命运的安排。

/1/ 1976年，亨里克·罗曼·古尔比诺维奇（Henryk Roman Gulbinowicz）经教皇保罗六世任命，成为波兰弗罗茨瓦夫的总（大）主教。

我认为在人生的尽头，人们会到达一种赤裸和本真的状态，实现一种单纯的境界，省掉一切弯弯绕的知识分子式的问题。浪漫主义精神和由此产生的苦恼是属于青春时代的，随着年龄的增长，一切都会解决，变得简单，一切都像是被整合到了中国的汉字符号当中。从此日复一日，每天都需要绘画，继续创作，直到最终上帝想要把你召回天上。就这么简单。不要为来日忧虑，上帝自会为你安排好。继续享受罗西涅尔夜幕降临的温和美好，聆听在山中蜿蜒而过的蒽博线小火车低声地鸣笛，品味莫扎特的音乐甘泉。事物历经时间打磨失去了凹凸不平的棱角。它们变成了另外的样子，有时会从我们的视野中消失。时间如白驹过隙，尽管它很短暂，但需要看到它完整的全部，我们知道时间很有限，但同时它也是浩瀚无边的。这就是人生的悖论。或许我们对这种无限性的模糊感知已经是对上帝无限性的预感，那是由上帝创造的另一重时间的概念。如今尽管年岁渐长，并且由此带来不便，但是很多事情也变得不那么重要了，于是便让位给真正本质的事情。这是一种简化和升华，从某种意义上讲，它洗去了人生的糟粕和生存的风险不测。要在定能与上帝相会的美好憧憬中死去，在这种——我确信——绘画一直想要描绘的光辉灿烂中死去。因为绘画即是趋近光。上帝之光。

104

因为光，我爱毕加索。尽管他所使用的方法和我的不同，但是坚持不懈、苛刻。我曾在一封写给他的信中称他为"滋养与毁灭之火的长河"，他能够深耕绘画，为其带来流淌的生命与活力，使其不至于因为掺入理智主义和空洞的抽象主义而堕落或者死亡。实际上我们彼此之间很亲近，哪怕我们没有很频繁地见面。我喜欢他执着的、狂暴的、狂热的、离经叛道的追求。而他喜欢我是因为在他眼中我表现出了耐心、孤独、沉默和这种在他看来太过缓慢的推进方式。当他在1941年买下《孩子们》的时候，我很清楚他为什么会选择这幅画。这幅画描绘了一种忧郁，一种时间暂停的感觉，深深触动了他的怀旧之情。他必定是在画的背后，隐隐感受到了某种与死亡和童年相关的事情——这两者在他眼中是暗暗联系在一起的，感受到某种消逝，而这些都是我们在作品中共同表现的事情。因为一直以来都只是在疯狂地画时间带给人这种深刻的晕眩感，他以一种像太阳一般不知疲倦的方式，通过破坏来实现，通过燃烧来战胜，通过挑战来重新发现。我们一直都在同一个方向上，在同一条路上，只是探索方式不同。因此毕加索是我的伙伴。我记得在毕加索买下《孩子们》的那个时期，我们和劳伦斯·巴塔耶共度了一个夜晚。毕加索不停地夸赞我，以至于事到如今，尽管我还记得话是他说的，但却说不出他说了什么……在我退隐之前，我们当时的生活就是在这样相互的陪伴中度过的，后来我便隐居与自己独处，先是在沙西，而后在罗马和湖滨高地区。

绘画就是走出自我，忘记自我，甘于消隐，有时会跟时代以及同时代的人格格不入。一定要抵挡住流行风尚的影响，要不惜一切代价坚持我们认为适合自己的东西，甚至要培养"讨人嫌的贵族风范"——我一直这样叫它，就像19世纪的纨绔子弟一样。与众不同是种微妙的乐趣，体会这种乐趣，能让你成就惊人而奇妙的事。对于画家来说，至少是对于我想说的那类画家，所有的市场、所有的潮流和所有的附庸风雅都是和他作对的。他置身于流行风潮之外。贾科梅蒂深谙这个道理。当侯昂庭院的画家们组成一个小型团体，在花神咖啡馆（Café de Flore）或双偶咖啡馆（Café des deux-Magots）聚会时，阿尔贝·贾科梅蒂并不会去，他整晚都在工作，我很高兴能知道，当整个巴黎都在享乐或是熟睡，善良的阿尔贝还醒着。这样一种对于人生的观念没法让人赚到很多钱。但是赚钱，这是我们要实现的目标吗？我不想追求这些"众所周知的东西"，就像我自己的儿子有时也会向我要求，要变得有钱和有名……这种名利能带来源源不断的财富，并且会把我从此划分到某个类别之下，比如我想到萨尔瓦多·达利、比费[1]、瓦萨雷里，想到绘画对于他们更多是职业生涯而非天职使命。他们争先恐后地作出可以复制的画作，但这些画没能让人们增加一丁点知识。因为绘画首先是一种求知欲，做一切事情来揭示答案。

　　我从不关心名声。只知道绘画是条最难走的路，须有很多的耐心，默默劳作，才能最终让作品得到认可和接受。事实上，少年时代的我，便坚信自己未来是要成为画家的。在贝阿滕贝格度假时，去村里的小教堂画壁画，我不是还对所有来客说，这是"未来的大画家的作品"吗？

少年时代无忧无虑，嘴角的微笑显露出我的天真无知！

/1/ 贝尔纳·比费（Bernard Buffet, 1928—1999），法国表现主义画家。

106

我所感兴趣的是事物的觉醒、生命的觉醒、事物的诞生。我一直专注于画出最早的这些秘密。我因此非常喜爱贾科梅蒂。他教我把握事物的分寸，教我掌握正确的调子，可以唤出乐声，可以让脸庞和风景唱歌。这是我唯一的追求，我唯一的任务。这项手艺人的工作没有特别的闪光点。这是一条晦暗、缓慢、缄默的路。因此我不喜欢人们称我为艺术家。我就像我喜欢的阿道克船长 /1/ 一样。他也会觉得这个词是种侮辱，会更加骂个不停！

只有一些画笔、这个围裙和这块画布。是这些让我这一生过得心安理得。金钱和名声从来没让我心动。而且现如今我的画卖了，我还有债要还，又创作得这么少，我要怎么才能买得起它们呢？有些人说，我住的地方有些奢侈。我是靠变卖自己的画才得到它的，通过交换，我获得了这座住宅和一些家具,我知道在这里我能够实现我想要的生活。我就是这样装修的蒙特卡维罗城堡,我送了几幅画给装修商,后者将城堡布置得如此漂亮。

我的人生中最好的、最重要的东西就是与绘画之间这种温柔、隐秘、直觉的联系。这份向着无形事物的努力。画家必须要付出这样的辛劳。

/1/ 阿道克船长是《丁丁历险记》里的人物,是主人公丁丁的好友,他性子急,嗜酒,不自我压抑,一大特色便是骂起人来花样百出,绝不重复。

1995年我在北京举办展览的时候,曾为中国观众写过一篇致辞。我告诉他们要对我多多包涵,因为我向他们展示的是"一个一心想要从20世纪末占主导地位的混乱中逃离的人所作的作品"。其实,对于这么多年献身绘画的辛劳而言,这句话可以作为总结陈词和说明,也是它的意义所在:去实现美,排除掉不幸和苦难并重新找回童年的天真。那么要做神圣的事,因为需要走出混乱、走出上帝在创世之初所见到的无定形状态，要为它赋予形状以便能够实现独一无二的形态。或许按照上帝的样子来塑造。也就是按照他所化身成的所有事物：风景、少女紧绷的肌肤、春天刚成熟的果实、郁郁葱葱的树木、熟睡中的孩子。我知道做这件事应该是救赎和拯救。这也是为什么我不愿意去记录我自己艰难的无法避开的困难。画家只是微不足道的图像传递者，是服从命令的手艺人，渐渐地，他便能够将图像留存下来。

  这就是他的重任所在。这就是他的成就所在。

人名索引

阿卜迪夫人（Abdi, Lady） 52

阿道克船长（Capitaine Haddock） 174, 175

阿尔托，安托南（Artaud, Antonin） 136, 144

埃克哈特（Eckhart） 89

艾吕雅，保罗（Éluard, Paul） 135

安格尔（Ingres） 86

巴拉汀（Baladine） 29, 44, 93, 104, 140, 143, 156

巴劳，让-路易（Barrault, Jean-Louis） 135

巴塔耶，劳伦斯（Bataille, Laurence） 172

拜伦勋爵（Byron, Lord） 85

包兰，让（Paulhan, Jean） 66

保罗二世（Jean Paul II） 37, 94

贝多芬（Beethoven） 25

贝拉斯克斯（Vélasquez） 66

贝里尼（Bellini） 133, 134

比费（Buffet） 173, 174

毕加索（Picasso） 6, 7, 49, 50, 51, 56, 57, 62, 94, 102, 115, 129, 134, 144, 171, 172

波德莱尔（Baudelaire） 75, 80, 81, 110, 118, 119

伯顿（Burton, Monsieur） 127

柏拉图（Platon） 130, 131

勃朗特（Brontë） 71

博纳尔（Bonnard） 9, 21, 27, 29, 30, 55, 72, 93, 94, 129, 136, 155, 156

博诺（Bono） 137

布拉克（Braque） 6, 7, 75, 94, 102

布拉塞（Brassaï） 102

布莱克，威廉（Blake, William） 85

布朗肖，莫里斯（Blanchot, Maurice） 94, 125

布勒东，安德烈（Breton, André） 57, 118, 125, 126, 149, 150

布吕赫尔（Breughel） 45

布瓦洛（Boileau） 30

查拉，特里斯唐（Tzara, Tristan） 15

春美（Harumi） 10, 19, 20, 21, 34, 140, 165

达利（Dalí） 56, 94, 173

但丁（Dante） 31, 54, 63, 83

德拉克洛瓦，欧仁（Delacroix, Eugène） 13, 32, 33, 61, 126, 132, 133, 134, 161

德朗,安德烈(Derain, André) 50, 88, 91, 94, 119, 129, 154

德鲁埃(Drouet) 29

德尼,莫里斯(Denis, Maurice) 29, 30, 155

德维,玛丽亚-玛德琳(Davy, Marie-Madeleine) 94

蒂克,路德维希(Tieck, Ludwig) 83

杜·贝莱(Du Bellay) 40

杜尔马,热内(Daumal, René) 94

杜拉斯,玛格丽特(Duras, Marguerite) 79

杜米埃(Daumier) 92

费里尼(Fellini) 35, 73, 74, 75, 105, 166

佛利茨,路易-热内·德(Forêts, Louis-René des) 94

弗拉·安吉利科(Fra Angelico) 38, 39, 111

弗雷德里克(Frédérique) 47, 66, 67, 83, 96, 113, 114

弗洛伊德(Freud) 68, 88

伏尔泰(Voltaire) 18

歌德(Goethe) 18, 64

格拉克,朱利安(Gracq, Julien) 83, 84

格林,朱利安(Green, Julien) 36, 83

谷克多,让(Cocteau, Jean) 129, 130

黄公望(Huang Gong-wang) 138

霍尔拜因(Holbein) 91

霍夫曼(Hoffmann) 84

基尔,理查(Gere, Richard) 73

基里柯(Chirico) 102

吉东,让(Guitton, Jean) 94

纪德,安德烈(Gide, André) 29, 30, 155

加缪,阿尔贝(Camus, Albert) 36, 90, 94, 120, 135, 136

贾科梅蒂,阿尔贝托(Giacometti, Alberto) VI, 4, 14, 57, 88, 96, 98, 99, 102, 124, 149, 168, 173, 174

节子,出田(Ideta, Setsuko) 42, 108

卡罗,弗里达(Kahlo, Frida) 102

卡罗尔,刘易斯(Carroll, Lewis) 47, 85

卡提娅(Katia) 47, 75, 83, 84

坎帝尼王妃(Gaëtani, princesse) 15

柯蒂斯,托尼(Curtis, Tony) 73

柯罗(Corot) 75, 86, 87

科莱特(Colette) 153, 154

科勒，皮埃尔（Colle, Pierre） 102

克拉纳赫（Cranach） 91

克洛索夫斯基·德罗拉，埃里奇（Klossowski de Rola, Erich） 61, 145

克洛索夫斯基·德罗拉，皮埃尔（Klossowski de Rola, Pierre） 89, 112

库尔贝（Courbet） 45, 61, 72, 86, 126, 136, 147

拉穆兹（Ramuz） 33, 34, 95

莱维斯基，亚当-马克司维（Reveski, Adam-Maxwell） 128

兰波，阿蒂尔（Rimbaud, Arthur） 90

劳维（Lauwet） 133

勒南（Le Nain） 91

雷里斯，米歇尔（Leiris, Michel） 89

雷伊（Rey） 155

里尔克，赖内·马利亚（Rilke, Rainer Maria） 156

刘医生（Liu, docteur） 10, 41, 83, 127

卢梭，亨利（Rousseau, Henri） 62

卢梭，让-雅克（Rousseau, Jean-Jacques） 15, 123

鲁奥（Rouault） 52

吕尔萨（Lurçat） 102

伦勃朗（Rembrandt） 66

罗塞尔，琼（Russell, John） 82

罗伊，克劳德（Roy, Claude） 151

洛蒂，皮埃尔（Loti, Pierre） 179

洛伦泽蒂（Lorenzetti） 133, 134

马蒂斯，皮埃尔（Matisse, Pierre） 19, 96, 97, 143

马尔蒂尼，西蒙涅（Martini, Simone） 86

马尔凯（Marquet） 29, 31

马尔罗，安德烈（Malraux, André） 42, 43, 51, 76, 135, 138, 139, 166

马格利特（Magritte） IV, VI

马萨乔（Masaccio） 38, 39, 57, 59, 86, 134, 160

马索里诺·达·帕尼卡莱（Masolino da Panicale） 38, 39

美第奇（Médicis） 7, 8, 18, 20, 24, 42, 57, 74, 75, 76, 77, 79, 98, 99, 105, 107, 108, 114, 136, 139, 142, 151

蒙德里安（Mondrian） 14, 147

蒙特卡姆侯爵（Von Montcanlm [marquis]） 30

蒙田（Montaigne） 82

米簌（Mitsou） 22, 23, 63

米芾（Mi Fu） 138

米开朗基罗（Michel-Ange） 60

米凯利纳（Michelina） 47

米罗（Miró） 50, 56, 115, 119

米肖，亨利（Michaux, Henri） 70, 71, 83, 94, 125

缪塞（Musset） 113, 114

莫罗，居斯塔夫（Moreau, Gustave） 55

莫奈，克劳德（Monet, Claude） 156

莫扎特（Mozart） 16, 24, 25, 26, 36, 47, 81, 94, 105, 127, 140, 165, 168, 170

慕隆-卡萨德尔（Mouron-Cassandre） 50

诺瓦雷，菲利浦（Noiret, Philippe） 73, 137

诺瓦耶，娜塔丽·德（Noailles, Natalie de） 47, 50, 52

培根，弗朗西斯（Bacon, Francis） 116

佩吉（Péguy） 168

皮埃尔·德·芒迪亚尔格（Pieyre de Mandiargues） 94

皮耶罗·德拉·弗兰切斯卡（Piero della Francesca） 8, 38, 55, 60, 77, 86, 111, 117, 129, 131, 134, 143, 147, 151

皮雅芙，伊迪丝（Piaf, Édith） 129

坡，埃德加·爱伦（Poe, Edgar Allan） 160

普鲁斯特，马塞尔（Proust, Marcel） 143

普桑（Poussin） 9, 10, 15, 29, 30, 39, 40, 46, 57, 60, 72, 86, 100, 133, 136, 147, 163, 164, 168

乔托（Giotto） 57, 88, 160, 168

儒弗，皮埃尔·让（Jouve, Pierre Jean） 26, 28, 36, 83, 94, 97, 118, 119, 120, 145, 152

撒迪厄斯（Thadée） IV, VI

萨宾（Sabine） 47

萨伏伊亲王（Savoie, Prince de） 107

塞尚，保罗（Cézanne, Paul） 55, 61, 62, 78, 86, 150, 151, 155, 163

圣埃克絮佩里，安托万·德（Saint-Exupéry, Antoine de） 36, 91, 94, 120

圣女大德兰（Thérèse d'Avila, sainte） 83, 85

圣女小德兰（Thérèse de Lisieux, sainte） 166, 167

圣十字若望（La Croix, Jean de） 54, 83, 85

石涛（Shitao） 109, 115, 116, 131, 167

舒伯特（Schubert） 47

舒瓦瑟尔（Choiseul） 96

司汤达（Stendhal） 21

斯基拉，罗萨比安卡（Skira, Rosabianca） 50

斯塔尼斯拉（Stanislas） 106

斯通，莎朗（Stone, Sharon） 73

苏蒂纳（Soutine） 102

塔皮埃斯（Tápies） 115, 116, 119, 129

唐璜（Don Juan） 152, 153

特伊西亚斯（Tirésias） II, V

瓦萨雷里（Vasarely） 147, 148, 173

瓦特维尔，安托瓦妮特·德（Watteville, Antoinette de） VI, XIII, 46, 101, 121

王维（Wang Wei） 63

韦尔内，贺拉斯（Vernet, Horace） 20, 22

维尔龚德莱，阿兰（Vircondelet, Alain） I, VII, XIX

维米尔（Vermeer） 19

沃格（Vogüé） 32, 34

乌德，威廉（Uhde, Wilhelm） 62

希拉（Sheila） 24

希斯克利夫（Heathcliff） 71, 72, 150, 164

夏尔，热内（Char, René） 15, 16, 36, 83

夏尔丹（Chardin） 72, 80

夏加尔，马克（Chagall, Marc） 10, 51

谢阁兰，维克多（Segalen, Victor） 95

雅各布，马克思（Jacob, Max） 102

雨果，维克多（Hugo, Victor） I, XI, 18, 64

阿尔卑斯（Alpes） 3, 7, 10, 19, 44, 46, 64, 109, 138, 142

阿雷佐（Arezzo） 38, 60, 86

阿特拉斯（Atlas） 32

艾克斯（Aix-en-Provence） 25, 27

巴黎（Paris） 2, 7, 21, 29, 56, 62, 65, 68, 87, 92, 96, 97, 99, 102, 113, 125, 144, 155, 169, 173

地名索引

北非（Afrique du Nord） 33, 133

北京（Beijing） 175

贝阿滕贝格（Beatenberg） 3, 30, 44, 54, 63, 64, 87, 109, 138, 173

比热（Bugey） 67, 69

波尔戈的圣塞泊勒克洛（Borgo San Sepolcro） 86

波兰（Pologne） 10, 34, 37, 62, 113, 128, 148, 169, 170

波瓦索那街（Boissonade, rue） 93

伯尔尼（Berne） 62, 91, 98, 121

伯尔尼历史博物馆（Berne [Musée historique de]） 91

伯利恒（Bethléem） 58

柏林（Berlin） 62

大阪（Osaka） 42

大木屋（Grand Chalet） 17, 18, 19, 24, 34, 36, 41, 64, 67, 73, 103, 109

德国（Allemagne） 18, 23, 83, 85, 93

厄堡（Œx, château d'） 19, 34

法国（France） 2, 3, 7, 8, 10, 16, 18, 22, 27, 31, 33, 34, 36, 40, 44, 45, 46, 49, 51, 52, 59, 67, 69, 71, 74, 77, 84, 87, 90, 92, 93, 95, 107, 108, 114, 130, 134, 141, 144, 148, 156, 163, 164, 174

菲斯（Fès） 32

佛罗伦萨（Florence） 86

弗赖堡（Fribourg） 98

福斯坦堡街（Furstenberg, rue de） 6, 7, 28, 33

盖尼特拉（Kenitra） 31

戈特隆山谷（Gottéron, vallée） 98

格施塔德（Gstaad） 34

国家美术馆（National Gallery） 39

侯昂庭院（Rohan, cour de） 28, 50, 65, 79, 83, 119, 129, 153, 158, 169, 173

湖滨高地区（En Haut, pays d'） 18, 26, 67, 158, 172

花神咖啡馆（Le Flore, Café de） 173

吉维尼（Giverny） 156

卡斯蒂廖内洛纳（Castiglione d'Olona） 86, 87

拉尚（Larchant） 72

拉斯科（Lascaux） 80, 81

兰斯（Reims） 138

卢浮宫（Louvre） 30, 60, 133

卢森堡花园（Luxembourg, jardins du） 29

182

伦敦（Londres） 39, 82

罗德兹（Rodez） 144

罗马（Rome） 7, 8, 10, 16, 19, 20, 24, 35, 37, 62, 73, 74, 75, 77, 87, 98, 105, 114, 122, 139, 140, 153, 160, 172

罗西涅尔（Rossinière） 3, 7, 8, 13, 17, 18, 19, 20, 24, 30, 33, 34, 35, 36, 41, 44, 73, 108, 109, 127, 131, 137, 140, 142, 143, 158, 163, 169, 170

洛桑（Lausanne） 20, 41

马焦雷圣母大教堂（Sainte-Marie-Majeure, église） 76

马拉喀什（Marrakech） 32

美第奇别墅（Villa Médicis） 7, 8, 18, 20, 42, 57, 74, 75, 76, 77, 79, 98, 99, 105, 108, 114, 136, 139, 142, 151

蒙特卡维罗（Montecalvello） 4, 5, 9, 18, 19, 21, 41, 44, 45, 66, 67, 107, 109, 119, 138, 142, 143, 163, 169, 175

摩洛哥（Maroc） 32, 33

莫尔旺（Morvan） 24, 66, 67, 96, 97

慕西画廊（Galerie Moos） 98

尼德峰（Niederhorn） 87, 88

纽约（New York） 50

帕多瓦（Padoue） 88, 128

庞贝（Pompéi） 69

蓬皮杜艺术中心（Centre Georges-Pompidou） 56, 57, 79

皮埃尔画廊（Galerie Pierre） 28, 68

琴斯托霍瓦（Czestochowa, Vierge de） 10, 148

日本（Japon） 7, 8, 18, 42, 43, 44, 75, 92, 107, 108, 109, 140, 165

日内瓦（Genève） 62, 98

儒昂湾（Golfe-Juan） 144

瑞士（Suisse） 10, 17, 34, 63, 87, 95, 98

萨尔兰（Sarre） 17, 18, 45

萨林河（Sarine） 98

萨瓦（Savoie） 46, 69, 97, 98

沙西（Chassy） 19, 24, 45, 66, 70, 83, 87, 96, 97, 107, 113, 114, 146, 150, 154, 158, 163, 169, 172

尚普罗旺（Champrovent） 46, 72, 83, 158

圣－安德烈商业断头巷（Commerce-Saint-André） 65

圣方济各（Saint Jean d'Assise） 37, 86

圣日耳曼·昂－莱区 Saint-Germain-en-Laye 93

圣日耳曼·德－佩区 Saint-Germain-des-Prés 28

圣十字广场（Santa Croce, place） 86

圣维克多山（Sainte-Victoire, la） 78

圣约翰（Saint Jean Baptiste） 37, 107

双偶咖啡馆（Deux-Magots, café） 173

宋洛奈（Thoronet） 155

台伯谷（Tibre, vallée du） 19, 20

泰特美术馆（Tate Gallery） 82

图恩湖（Thoune, lac de） 63, 87

托斯卡纳（Toscane） 21, 38, 86

瓦尔蒙疗养院（Val-Mont, sanatorium） 145

维泰博（Viterbois） 4, 46

沃州（Vaud, pays de） 19, 43, 46, 65, 87

吴哥窟（Angkor） X, 138

西米诺（Cimino） 4

西斯廷教堂（Sixtine, chapelle） 60

锡耶纳（Sienne） 9, 43, 45, 69, 86, 128

现代艺术博物馆（Musée d'Art modern） 50

意大利（Italie） 5, 8, 9, 10, 20, 22, 38, 39, 59, 61, 69, 75, 87, 123, 126, 133, 134, 136, 138, 143, 159, 160, 168

印度（Inde） 45, 83, 162

远东（Extrême-Orient） 8, 43, 44, 115

扎科帕纳（Zakopane） 34

中国（Chine） 7, 8, 9, 18, 43, 44, 45, 46, 63, 64, 66, 67, 83, 88, 89, 92, 95, 107, 109, 113, 115, 138, 151, 163, 167, 170, 175

纸上造物

用心，有趣，
深且美
出版，以及一切
纸上的可能

图书在版编目(CIP)数据

向着少女与光:巴尔蒂斯回忆录/(法)巴尔蒂斯口述;
(法)阿兰·维尔龚德莱辑录;柯梦琦,韩波译.—北京:
商务印书馆,2021
（艺术的故事）
ISBN 978-7-100-19341-2

Ⅰ.①向… Ⅱ.①巴…②阿…③柯…④韩… Ⅲ.①巴尔蒂斯(Balthus, Klossowski de Rola 1908-2001)—回忆录 Ⅳ.①K835.655.72

中国版本图书馆 CIP 数据核字(2021)第 005988 号

权利保留,侵权必究。

向着少女与光:巴尔蒂斯回忆录
〔法〕巴尔蒂斯　口述
〔法〕阿兰·维尔龚德莱　辑录
柯梦琦　韩波　译

商 务 印 书 馆 出 版
（北京王府井大街 36 号　邮政编码 100710）
商 务 印 书 馆 发 行
北京新华印刷有限公司印刷
ISBN 978-7-100-19341-2

2021 年 2 月第 1 版　　开本 880×1230　1/32
2021 年 2 月北京第 1 次印刷　印张 6¾
定价：58.00 元